起きてから寝るまで子育て英語表現 1000

監修：吉田研作　執筆・解説：春日聡子

Preface／はじめに

●新しい「起き寝る子育て表現集」の誕生

「起きてから寝るまで」シリーズに「子育て表現」が加わったのは1996年。当時は私も3歳の子どもがおり、子育ての現場を体現しながら、いろいろな状況を考え、そのときに役立つ表現を考えた。

大家族から核家族の時代となり、「起きてから寝るまで子育て表現」は、単なる英語の表現集としてだけではなく、子育てに悩むお母さんたちの心の支えにもなっていた。「同じ悩みを持つ人がたくさんいるのだ」と安心感を与える本としても、いろいろな方から評価されるようになった。

しかし25年近くたつと、世の中が変わり、親が接する世界そのものが大きく変わってきた。そのため、今回新たに「起きてから寝るまで子育て英語表現1000」を刊行することとなった。フレーズ数も増え、表現も、状況も、初版に比べると大幅に変わっている。今の時代の子育てに役立つ表現を取り入れた。

●本書の考え方

表現や状況は大幅に変わっているものの、「起き寝る」の基本的な考え方は、今までと同じである。

1）具体的状況について表現する

Great, the sun is out.

2）そのときの自分や子どもの行動を表現する

I help her get dressed.

3）そのときの気持ちを表現する

Oh, no! Look at the time!

4）そのときの考えや思いを表現する

Maybe she'll want to choose her own clothes.

この基本的枠組みは本書においても踏襲されている。「起き寝る」シリーズ全体を貫く、「一人でできる英会話」のコンセプトは全く変わっていないのである。子育てをした経験のある人なら、多かれ少なかれ誰でも経験したことがある場面を想定して表現を選んでいる。

例えば「朝」は、ミルクを飲んでおむつを替えたり、着替えたりする。公園に「遊び」に行けば、友達に会ったり、滑り台やブランコに乗ったりするだろう。「お出かけ」であれば、一筋縄ではいかない子どもを電車や車に乗せる。お父さんが一緒の場合も多いだろう。「食事」はどうだろう。好き嫌いがあっても、おいしそうに食べてくれるとうれしいものである。「親子のコミュニケーション」はどうか。行儀が悪いときのしつけは最低限必要だが、基本的には褒める言葉をたくさんかけてやりたい。そして子どもは「成長」する。初めて歩いたときは感激する。身長がグングン伸びる。親がやることをまねながら、お手伝いしてくれる。「お風呂」に入る。シャワーは目にお湯が入るから嫌がる。でも、お風呂に浮かべたおもちゃで遊んだり、楽しいひとときでもある。そして、迎えた「夜」。なかなか寝ない。一緒に寝たがる。絵本を読んであげる。毎日読んでいると、全部覚えちゃう。子どもの発達ってすごいと思う。

こうやって子どもとの一日が終わる。子育てって、すごい。子どもが大きくなると、よく頑張ったな、とつい自分を褒めてあげたくなる。You are doing a great job!　皆さんも子育て、頑張ってください。

英語を学ぶには、自分の人生・生活・考え・気持ちが、一番よい「教材」になるのである。

2020年5月　吉田研作

Contents／目次

番外編　～親のリアルなつぶやき～

How to Use This Book ／ 本書の構成と使い方

本書全体の構成と使い方

- 親と子（0〜6歳を対象）の朝起きてから寝るまでのシーンを9章に分けています。
- それぞれの章の中は、「単語編」「動作表現」「つぶやき表現」「入れ替え表現」「Skit」「Quick Check」に分かれています。
- 自分が興味を持った章や、お子様の成長過程に近いフレーズから学んでかまいません。特に巻末の「ポジティブフレーズ」は、シーンを問わず子どもに言ってあげたい肯定的なフレーズを集めたので最初に学ぶのもよいでしょう。
- 本書で「つぶやき練習」を繰り返すことで、生活の中で出会うさまざまなことを表現できる会話力を高めることができます。
- 「動作表現」「つぶやき表現」の見出し文＋「つぶやき表現」の解説にある太字例文で1000以上のフレーズを収録しています。

各章の構成と使い方

単語編　♪MP3 音声あり

各章のシーンに関連する単語を、イラストとともに掲載しています。単語のほとんどが、後に続く「動作表現」「つぶやき表現」の例文に出てくるものです。

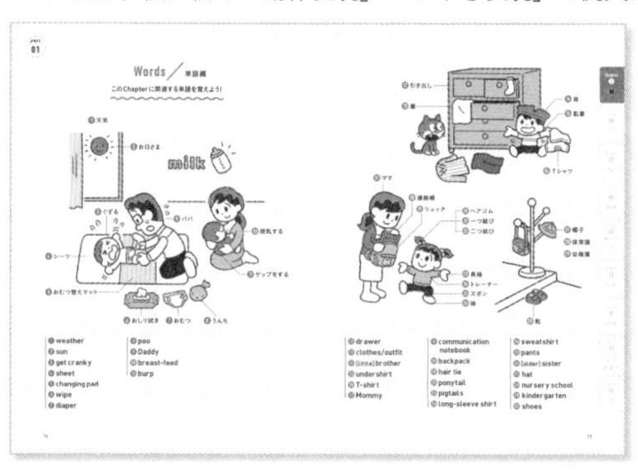

まず、イラスト内の日本語を英語にできるか試してみましょう。解答は各ページの下に載っています。ここで、その章のイメージをつかみ、さまざまな英語表現に取り組む前のウォームアップをしましょう。

動作表現　♪MP3 音声あり

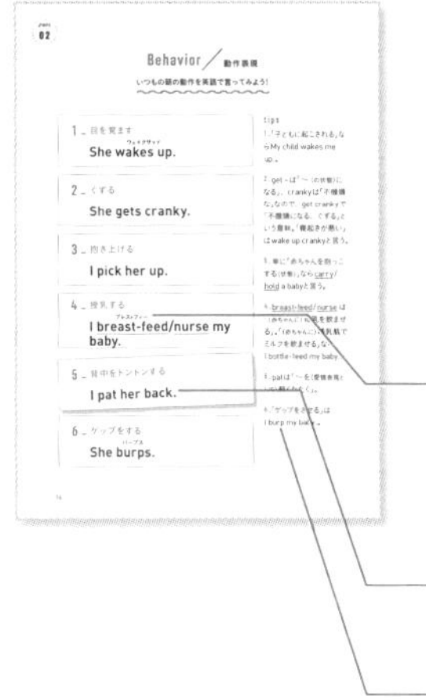
Behavior／動作表現
いつもの朝の動作を英語で言ってみよう!

1．目を覚ます
She wakes up.

2．ぐずる
She gets cranky.

3．抱き上げる
I pick her up.

4．授乳する
I breast-feed/nurse my baby.

5．背中をトントンする
I pat her back.

6．ゲップをする
She burps.

tips
1.「子どもに起こされる」ならMy child wakes me up.
2. get ~は「~(の状態)になる」。crankyは「不機嫌な」なので、get crankyで「不機嫌になる、ぐずる」という意味。「寝起きが悪い」はwake up crankyと言う。
3. 単に「赤ちゃんを抱っこする(状態)」ならcarry/hold a babyと言う。
4. breast-feed/nurseは「(赤ちゃんに)母乳を飲ませる」。「(赤ちゃんに)哺乳瓶でミルクを飲ませる」なら、I bottle-feed my baby.
6.「ゲップをさせる」はI burp my baby.

普段何気なくしている親子の行動・行為を、I ~（私は～する）、He/She ~（子どもは～する）の形で紹介しています。これらの表現の多くは、一見簡単でいてなかなか英語で言えないものです。動作表現を聞いたり口に出したりして何度も練習し、自分のものにしていきましょう。

発音に注意が必要な箇所には、初級者の助けとなるようカタカナを付けています。｜　｜はカタカナが英語3語以上にわたる場合の範囲を示します。（同「つぶやき表現」）

子を指す三人称（heやshe）は、章ごとに性別を切り替えています（同「つぶやき表現」）。

例文には、必要に応じて、語義や構文など表現の理解を助ける解説が付いています。

つぶやき表現　♪MP3 音声あり

「動作表現」では、外に現れる行動・行為を英語にしますが、「つぶやき表現」では、行動する前、している最中、あるいはした後に、心に浮かんだことを英語で表します。気持ちを上手に伝えるためには、自分の「心の中」を英語で表現できることが大切です。自分の考えや気持ちを言葉にする習慣を作り、会話力アップにつなげましょう。

「つぶやき表現」の中には、子どもへの語り掛けも含まれています。まずは独り言のように繰り返し練習し、英語を口に出す習慣を作りましょう。

見出しの英文と和文は、必ずしも直訳の関係ではありません。英語らしく言おうとするとどういう表現になるのか、という例を挙げています。

それぞれのフレーズには、表現の理解を助ける解説や例文が付いています。語義や構文を理解し、さらに発展的な語彙や表現を身に付けることができます。

Tweets／つぶやき表現
忙しくお世話をする朝のつぶやき

1
あ、起きたかな？
Oh, are you awake?
awake＝目が覚めて
Are you awake? で「目が覚めたのかな？」という語り掛けの表現になっている。You're up / woke up early. は「早起きだね」。

2
はいはい、おなかすいたのね、分かってますよ～。
You're hungry, aren't you? I know.
hungry＝おなかがすいた
You're hungry. に、付加疑問文 aren't you? を付けると、「おなかがすいたのね」と、語り掛けの表現になる。

3
ふわあ、寝不足だ……。
Oh, dear, I didn't get enough sleep.
oh, dear＝あらまあ、やれやれ
「寝不足だ、あまりよく眠れなかった」は I didn't get enough sleep.。「よく眠れた」は **I got a good night's sleep.** や **I slept like a baby.**（赤ちゃんみたいに寝た）と言う。

入れ替え表現　♪MP3 音声あり

各章に出てきた表現を使いこなすためのバリエーションを紹介しています。学習した表現が、どのようにアレンジできるのか見てみましょう。

CLOSE UP!　入れ替え表現

❶ 帽子をかぶって。
Put your hat on.

入れ替え例

underwear	shirt	pants
下着(パンツ)	シャツ	ズボン
socks	shoes	coat
靴下	靴	上着

例文

Make sure you put your underwear on first.
先に下着を着るんだよ。

You'd better put your coat on before you walk out into the cold.
寒い外に出る前に、上着を着た方がいいよ。

❷ おしゃれさんだね!
You look smart!

入れ替え例

classy	chic	stylish
気品のある	シックな	洗練された
cool	sharp	dapper
かっこいい	しゃれた服装の	

例文

You look so cool. Where did you get that outfit?

You look quite dapper in that suit.
そのスーツ姿、かなり粋だね。

語句を入れ替えるだけで使える便利なフレーズをPick upしています。

Skit　♪MP3 音声あり

各章に出てきた表現を使った会話サンプルです。表現を使いこなすための実践編として、登場人物になったつもりで繰り返し練習しましょう。

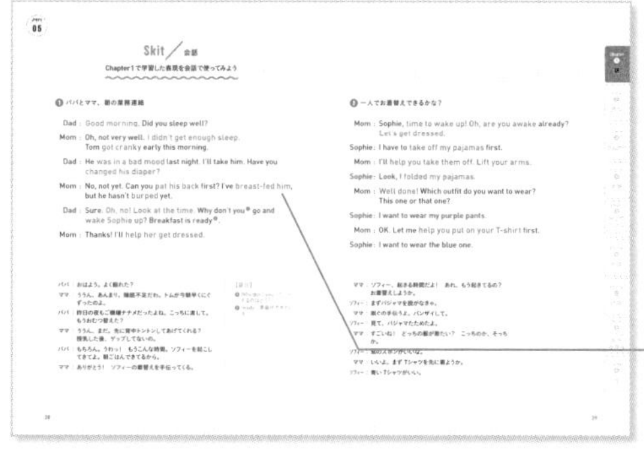
05

Skit／会話

Chapter 1で学習した表現を会話で使ってみよう

❶ パパとママ、朝の業務連絡

Dad：Good morning. Did you sleep well?
Mom：Oh, not very well. I didn't get enough sleep. Tom got cranky early this morning.
Dad：He was in a bad mood last night. I'll take him. Have you changed his diaper?
Mom：No, not yet. Can you pat his back first? I've breast-fed him, but he hasn't burped yet.
Dad：Sure. Oh, no! Look at the time. Why don't you go and wake Sophie up? Breakfast is ready.
Mom：Thanks! I'll help her get dressed.

❷ 一人でお着替えできるかな?

Mom：Sophie, time to wake up! Oh, are you awake already? Let's get dressed.
Sophie：I have to take off my pajamas first.
Mom：I'll help you take them off. Lift your arms.
Sophie：Look, I folded my pajamas.
Mom：Well done! Which outfit do you want to wear? This one or that one?
Sophie：I want to wear my purple pants.
Mom：OK. Let me help you put on your T-shirt first.
Sophie：I want to wear the blue one.

「動作表現」「つぶやき表現」に出てきた英語表現は色文字になっています。

Quick Check

各章に出てきたフレーズを使ったクイズです。重要フレーズをちゃんと覚えたか、各章の最後にチェックしましょう。分からなかったフレーズは、当該ページに戻って復習しましょう。

Quick Check / Chapter 1に出てきたフレーズの復習

以下の日本語の意味になるよう英文を完成させてください。答えはページの下にあります。

1. She (　)(　).
2. She (　).
3. She (　).
4. I (　)(　) a changing pad.
5. I (　) her clothes (　) of the drawer.
6. Oh, dear. I didn't get (　)(　).
7. You're in a (　)(　) today.
8. It (　) like it's (　) to rain.
9. (　)! Your T-shirt is (　) out.
10. Stand (　), please. It won't (　) long.

番外編 ♪MP3 音声あり

本編では紹介しきれなかった、親のリアルなつぶやきを集めました。奇数章の後に収録しています。

【はじめての子育て編】

分からないことだらけで試行錯誤の毎日。

46

1. I never imagined how sleep-deprived I would be.
2. I wonder how hectic it would be if we had more children.
3. Baby products can add up to quite a lot.
4. I stocked up on bibs, but my baby's not the drooling type.
5. A friend gave me some tips on preparing make-ahead baby food.
6. I don't know what the norms of parenting are!

さらにフレーズを記憶に定着させるには？

ダウンロード音声に収録された「単語編」「動作表現」「つぶやき表現」「入れ替え表現」は、すべて「日本語→英語」の順で録音されています。本書をひと通り学習したら、次は、日本語を聞いてすぐ英語にする練習、英語を聞いてすぐそれをリピートする練習をしてみてください。発音・リズム・イントネーションもそっくりまねると効果的です。最初はなかなかスピードについていけないかもしれませんが、繰り返し練習するうちに、スムーズに口に出せるようになり、そのころには、単語・表現が自分のものとして身に付いているでしょう。

本書の表記について

本書は、特に記述のない限り、アメリカ英語の表記・音声を採用しています。その他、記号については下記を参照してください。

cf.	以下を参照のこと
____ / ____ ____ (____)	下線は同義語や対義語の入れ替える範囲を示す
[　　]	[　]内の語句を付け足してもよい
(　　)	(　)内の語句に替えてもよい（意味は異なる）
<　　>	<　>内は状況説明

About the MP3 Files ／ ダウンロード音声について

本書の学習で使用する音声（MP3ファイル形式／zip圧縮済）は、
以下の方法で無料でダウンロードできます。

パソコンをご利用の場合

「アルク・ダウンロードセンター」https://portal-dlc.alc.co.jp/をご利用ください。商品コード（7020025）で検索し、ダウンロード用ボタンをクリックして音声ファイルをダウンロードしてください。

スマートフォンをご利用の場合

アプリ「英語学習booco」をご利用ください。本アプリのインストール方法はカバー袖でもご案内しています。商品コード（7020025）で検索後、音声ファイルをダウンロードしてください。

＊ iOS、Androidの両方に対応しています。
＊ 本サービスの内容は予告なく変更する場合がございます。あらかじめご了承ください。

音声を下記の３種類用意しました。
ご自身の学習状況に合わせて、お好みの音声をお選びいただけます。

①日→英：全ての単語・フレーズを日本語→英語の順で収録した音声です。

＼スタンダード／

日本語 → **英語**

②日→英→英：全ての単語・フレーズを日本語→英語２回の順で収録した音声です。

＼じっくり英語を反復したい／

日本語 → **英語** → **英語**

③英語のみ：日本語が全く入っていない音声です。

＼もう日本語は いらない／

英語

トラック表

		ページ	トラック
Chapter 1	単語編	14, 15	01
	動作表現	16-21	02
	つぶやき表現	22-35	03
	入れ替え表現	36, 37	04
	Skit	38, 39	05
Chapter 2	単語編	44, 45	06
	動作表現	46-51	07
	つぶやき表現	52-65	08
	入れ替え表現	66, 67	09
	Skit	68, 69	10
Chapter 3	単語編	72, 73	11
	動作表現	74-81	12
	つぶやき表現	82-97	13
	入れ替え表現	98, 99	14
	Skit	100, 101	15
Chapter 4	単語編	106, 107	16
	動作表現	108-113	17
	つぶやき表現	114-129	18
	入れ替え表現	130, 131	19
	Skit	132, 133	20
Chapter 5	単語編	136, 137	21
	動作表現	138-143	22
	つぶやき表現	144-157	23
	入れ替え表現	158, 159	24
	Skit	160, 161	25

		ページ	トラック
Chapter 6	単語	166, 167	26
	動作表現	168-173	27
	つぶやき	174-189	28
	入れ替え表現	190, 191	29
	Skit	192, 193	30
Chapter 7	単語	196, 197	31
	動作表現	198-201	32
	つぶやき	202-217	33
	入れ替え表現	218, 219	34
	Skit	220, 221	35
Chapter 8	単語	226, 227	36
	動作表現	228-233	37
	つぶやき	234-247	38
	入れ替え表現	248, 249	39
	Skit	250, 251	40
Chapter 9	単語	254, 255	41
	動作表現	256-259	42
	つぶやき	260-273	43
	入れ替え表現	274, 275	44
	Skit	276, 277	45
番外編・はじめての子育て		41, 42	46
番外編・子育ての悩み		103, 104	47
番外編・ママ友		163, 164	48
番外編・共働き		223, 224	49
番外編・幼稚園		279, 280	50
Special・ポジティブフレーズ		281-287	51

学習内容をひと通り理解した後は、日本語を聞いたらすぐに英語が口をついて出てくるようになるまで繰り返し練習しましょう。

Chapter 1

In the Morning／朝

乳幼児がいると、朝はとにかく大忙し。
赤ちゃんがいれば寝不足のまま朝を迎えておむつ替え。
園児がいれば登園準備や着替えを手伝ったり。
子どもたちのお世話の合間に自分の身支度もして、
登園させたらやっと一息。今日も一日が始まります。

♪MP3 01

Words／単語編

このChapterに関連する単語を覚えよう!

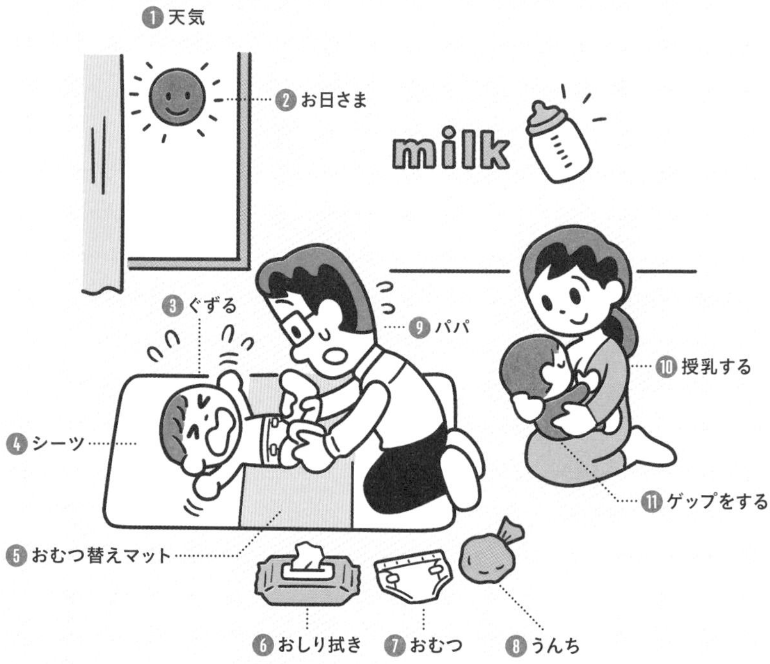

❶ weather
❷ sun
❸ get cranky
❹ sheet
❺ changing pad
❻ wipe
❼ diaper
❽ poo
❾ Daddy
❿ breast-feed
⓫ burp

⑫ **drawer**
⑬ **clothes/outfit**
⑭ [little] **brother**
⑮ **undershirt**
⑯ **T-shirt**
⑰ **Mommy**

⑱ **communication notebook**
⑲ **backpack**
⑳ **hair tie**
㉑ **ponytail**
㉒ **pigtails**
㉓ **long-sleeve shirt**

㉔ **sweatshirt**
㉕ **pants**
㉖ [older] **sister**
㉗ **hat**
㉘ **nursery school**
㉙ **kindergarten**
㉚ **shoes**

Behavior ／ 動作表現

いつもの朝の動作を英語で言ってみよう！

1_ 目を覚ます
ウェイクサップ
She wakes up.

2_ ぐずる
She gets cranky.

3_ 抱き上げる
I pick her up.

4_ 授乳する
ブレストフィー
I breast-feed/nurse my baby.

5_ 背中をトントンする
I pat her back.

6_ ゲップをする
バープス
She burps.

tips

1_「子どもに起こされる」ならMy child wakes me up.。

2_ get ~は「～(の状態)になる」、crankyは「不機嫌な」なので、get crankyで「不機嫌になる、ぐずる」という意味。「寝起きが悪い」はwake up crankyと言う。

3_ 単に「赤ちゃんを抱っこする(状態)」ならcarry/hold a babyと言う。

4_ breast-feed/nurseは「(赤ちゃんに)母乳を飲ませる」。「(赤ちゃんに)哺乳瓶でミルクを飲ませる」ならI bottle-feed my baby.。

5_ patは「～を(愛情表現として)軽くたたく」。

6_「ゲップをさせる」はI burp my baby.。

7 _ spit up ~ は「～（口の中のもの）を吐き出す」。

10 _ layは「～を横たえる、寝かす」。futonはマットレス代わりの敷布団として、世界でも広く認知されるようになってきている。

11 _ lay out ~ は「～を広げる」。spread out ~と言うこともできる。

7 _ ミルクを吐く

She spits up some milk.（スピッツアップ）

8 _ しゃっくりをする

She hiccups.（ヒカップス）

9 _ くしゃみをする

She sneezes.

10 _ 布団に寝かせる

I lay her on the futon.

11 _ おむつ替えマットを敷く

I lay out a changing pad.（チェインジンパッド）

♪MP3 02

12_ おむつを替える

I change her diaper.（ダイパー）

13_ 脚をばたばたさせる

She kicks her legs in the air.

14_ おしり拭きを用意する

I get the wipes.（ゲッザ）

15_ おしりを拭いてあげる

I wipe her bottom.

tips

12_「おむつ」はイギリス英語ではnappy。「紙おむつ」はdisposable diaper/nappy、「布おむつ」はcloth diaper/nappy。

13_ kick ~'s legs in the air は「空中で脚をばたばたさせる」。「もぞもぞ動く」はwiggleと言う。

14_ wipe は「ウェットティッシュ」を指す。赤ちゃんの口元やおしりを拭く物を特にbaby wipe と言うが、wipe だけでもよい。

15_ bottom は「おしり」の口語表現。「口を拭いてあげる」もwipeを使ってwipe her mouthと言う。

16_ お姉ちゃん(お兄ちゃん)を起こす

ウェイカップ
I wake up her sister (brother).

17_ おねしょをする

She wets the bed.

18_ シーツを替える

I change the sheets.

19_ 天気を確認する

チェックザ
I check the weather.

20_ 自分で服を選ぶ

She chooses her own clothes.

21_ 引き出しから服を出す

アウドブザ　ドローア
I take her clothes out of the drawer.

22_ 着替えを手伝う

ゲッドレスト
I help her get dressed.

16_ 姉と妹(兄と弟)の区別をつけたいときは、older(年上の)やlittle(年少の)をsister(brother)に付ける。

17_ wet the bedは直訳すると「ベッドをぬらす」、つまり「おねしょをする」という表現。

20_ outfitも「服」という意味で、「装い、服装ひとそろい」を指す。I like your outfit.は「その服装いいね」。「自分で服を選ばせてあげる」はI let her pick her own clothes/outfits.

21_ drawerは「引き出し、たんす」。take ~ out of ...は「…から~を取り出す」。「クローゼット」はcloset。

22_ get dressedは「(服に)着替える、(服を)着る」。「自分で着替える」はget dressed by oneself。「部屋着に着替える」はchange into home clothesと言う。

♪MP3 02

23_ パジャマを脱がせる

I help her take off her pajamas.
(テイコフ)

24_ パジャマをたたませる

I get her to fold her pajamas.

25_ Tシャツを着させる

I help her put on her T-shirt.
(プトン)

26_ ズボンをはかせる

I help her put on her pants.
(プトン)

27_ 髪を結んであげる

I tie her hair up.

28_ 連絡帳を書く

I write a note to the teacher in the communication notebook.
(ライタ　ノウットゥ)

29_ リュックを背負う

She puts on her backpack.

tips

23_ take off ~は「～(衣服・靴など)を脱ぐ」。take ~ offとしてもよい。パジャマは上下セットと考えて必ず複数形で使う。

24_ get ~ to ...で「～に…させる、するように促す」と言える。「～をたたむ」はfold。

25_ put on ~で「～を身に着ける、かぶる、着る、履く」の全てが言える。put ~ onも同じ。

26_ pants(ズボン)は、脚を通すところが左右でひとそろいと考え、複数形で使う。

27_ tie one's hair up は「～の髪を結ぶ、アップにする」。

28_ noteは「(短めの)手紙」と言う意味。「連絡帳」はparent-teacher/family-school communication notebookなどとも言う。

29_ ここでは登園用の自分のリュックを指すためherと言っている。

30_ ママ(パパ)に手を振る

She waves goodbye to Mommy (Daddy).

グッバイ (goodbye)

31_ 幼稚園に送っていく

I take her to kindergarten.

キンダーガーテン (kindergarten)

32_ 保育園に遅刻する

We are late for nursery school.

ナーサリー (nursery)

33_ 保育園を休む

She takes a day off from nursery school.

テイクサ (takes a)、ナーサリー (nursery)

34_ 保育園に迎えに行く

I pick her up from nursery school.

ナーサリー (nursery)

30_ wave goodbye to ~ は「～にさようならと手を振る」。wave ~ goodbyeとも言える。

31_ kindergartenは「幼稚園」。「就学前の子どもの教育機関」を指すpreschoolは、国や地域によって「幼稚園、保育園」のどちらの意味でも使われる。

32_ 「保育園」はnursery school。昼間に乳幼児を一時的に預かるサービス全般は、day care や child careと言う。「～に遅刻する」はbe late for ~。

33_ take a day off from ~で「～を1日休む」という意味。

34_ pick ~ up from ... は「～を…に迎えに行く」という意味。「早退する」はleave early。

Tweets
つぶやき表現
忙しくお世話をする朝のつぶやき

1

あ、起きたかな?

Oh, are you awake?

awake = 目が覚めて
Are you awake? で「目が覚めたのかな?」という語り掛けの表現になっている。
You're up / woke up early. は「早起きだね」。

2

はいはい、おなかすいたのね、分かってますよ〜。

You're hungry, aren't you? I know.

（aren't you: アーンチュー）

hungry = おなかがすいた
You're hungry. に、付加疑問文 aren't you? を付けると、「おなかがすいたのね」と、語り掛けの表現になる。

3

ふわあ、寝不足だ……。

Oh, dear, I didn't get enough sleep.

（didn't get enough: ディドゥンゲディナフ）

oh, dear = あらまあ、やれやれ（間投詞）
「寝不足だ、あまりよく眠れなかった」は I didn't get enough sleep.。「よく眠れた」は **I got a good night's sleep.** や **I slept like a baby.**（赤ちゃんみたいに寝た）と言う。

4

うわ、おむつがパンパン。

Wow, your diaper（ダイパー） is heavy.

diaper = おむつ／**heavy** = 重い
Your diaper is heavy. で「おむつが（たくさん吸水して）重くなっている」と言って、パンパンであることを表現する。

うんち出たかな？　ちょっと見せてね。

Have you done a（ダンナ） poo? Let's take a（テイカ） look.

poo（=poo-poo）=（幼児語で）うんち
同じく幼児語で「おしっこ」は pee。どちらもそれぞれ「うんちをする」「おしっこをする」という動詞でもある。**Do you want to pee?**（おしっこしたいの？）。これは乳児に語りかける表現なので、年長の子どもには **Do you need to go to the bathroom?**（トイレに行っておく？）と聞くとよい。

じっとしててね。

Stay still.

stay = のままでいる／**still** = じっとして
still は他にも、**Stand still.**（じっと立っていて）、**Sit still.**（じっと座っていて）のように使うことができる。「動かないで」は **Don't move.** と言う。

7

よかったねー。きれいきれいしようね。

Good for you.
Let's get you cleaned up.（クリーンダップ）

clean up = 身ぎれいにする
Good for you. は「よかったね」と共感したり、「よくやったね」と褒める表現。ここでは「(スッキリして) よかったね」と言っている。

そろそろお姉ちゃん(お兄ちゃん)起こさなきゃ。

It's time to wake up your sister (brother).（ウェイカッピュア）

It's time to ~ = 〜する時間だ／wake up ~ = 〜を起こす
「お父さんを起こしておいで」は **Go and wake up Daddy.** と言う。and を省略して、go wake up ~ のように言うことが多い。「〜（人）を起こす」は wake up ~、wake ~ up どちらの言い方もする。

9

おはよう！ 起きる時間だよ。

Good morning! Time to wake up.（グッモーニン／ウェイカップ）

Time to ~ は It's time to ~ の it's を省略した表現で、意味は同じ。「朝ごはんできてるよ」は **Breakfast is ready.** と言う。

10

今日はご機嫌だね。

イナグッムーットゥデイ

You're in a good mood today.

be in a good mood = 機嫌がよい cf. be in a bad mood = 機嫌が悪い
付加疑問文 aren't you? を付けて、You're in a good mood today, aren't you? と笑いながら語り掛けてあげると、ますます赤ちゃんの機嫌もよくなることでしょう。

11

あれ、おねしょしちゃった？

ディジューハヴァ

Oh, did you have a little accident?

little accident = 小さな事故、ちょっとした失敗
Did you wet your bed? (おねしょをしたの？) より、子どもの気持ちを少し軽くするための言い方。

12

大丈夫だよ。みんないつかしなくなるから。

ドウント

Don't worry.

グロウザウトヴィッ

Everybody grows out of it.

Don't worry. = 心配しなくてもいいよ。 ／ grow out of ~ = 成長するにつれて～
(子どもじみた習慣など) から脱する
「大丈夫だよ」は他に **It's OK.** と言ってもよい。

13

今日の天気、どうかなあ?

How's the weather today?

weather = 天気
What's the weather like today? と言うこともできる。「今日の[外の]気温は?」は **What's the temperature [outside] today?**。

今朝は涼しいな〜。

ナイサンクール

It's nice and cool this morning.

nice and ~ = とても〜、よい具合に〜 / cool = 涼しい
nice and cool は「快適に涼しい、心地いい涼しさ」。「あったかい」なら nice and warm と言える。this morning を in the mornings と複数形にすると、今朝だけではなく「朝はいつも、毎朝」という意味になる。天気や気温について話すときの主語は、it を使って It's ~ と言う。

よかった、お日さまが出てる。

グレイト　ザサンニィズアウト

Great, the sun is out.

great = すばらしい
「すごく気持ちのいい朝だよ」は、**It's such a beautiful morning.**。

16

雨が降りそう。

イッルックス　ゴウインットゥ
It looks like it's going to rain.

look like ~ = ～のように見える／be going to ~ = ～だろう
It looks like it's going to ~ は「どうやら～しそうだ」という表現。**It looks like it's going to snow.** なら「どうやら雪になりそうだ」。

17

今日は肌寒いな。長袖着せたほうがいいね。

シュドウェアラ
It's chilly today. She should wear a long-sleeve shirt.

chilly = 肌寒い／long-sleeve(d) = 長袖の
「長袖の」は正しくは long-sleeved だが、一般的に long-sleeve shirt（長袖のシャツ）や、long-sleeve dress（長袖のワンピース）などと言う。「半袖」は short-sleeve、「ノースリーブ」は sleeveless。

18

今日は暑くなりそう。肌着はいらないかな。

ゴウインットゥ　ハットゥディ
It's going to be hot today.

ニーダンナンダーシャート
She won't need an undershirt.

need = ～を必要とする／undershirt = 肌着
won't = will not。「（気候が）蒸し暑い」は、**It's muggy.** や **It's hot and humid.** などと言う。

♪MP3 03

19

洋服、自分で選ぶって言うかな?

ワントゥー

Maybe she'll want to choose her own clothes.

maybe = もしかすると ／ choose one's own clothes = 自分で着る服を選ぶ
Maybe she'll want to ~ は「彼女は～したいかもしれない」。

お着替えするよ。

ゲッドレスト

Let's get dressed.

get dressed = (服に) 着替える、(服を) 着る
子どもに何かをするよう促すときは、命令形よりも、Let's ~ (～しよう) と声を掛けた方が、柔らかい表現になる。

今日は何を着ようか?

ワッドゥー　ワントゥー

What do you want to wear today?

What do you want to ~? は「何を～したいですか?」と希望を聞く表現で、**What do you want to do today?** (今日は何をしたい?) のように使う。幼い子や、すべてを子どもに選ばせていられない場合は、**Which outfit do you want to wear? This one or that one?** (どっちの服が着たい?　こっちにする?　そっちにする?) のように、選択肢の中から選ばせる方法が役立つ。

22

バンザイして。

Lift your arms.
リフチュア

lift = ～を持ち上げる／arm = 腕
「（ズボンはくから）脚上げて」は **Lift your leg up.** と言う。この場合は片脚ずつなのでlegは単数形。

23

お手手はどこかな～？

Where is your hand?
イジュアハンド

Where is ~? = ～はどこですか？
Where isはWhere'sと短縮してもよい。「（手が）あった！」は **Here it is!**。**Push one leg through here, and the other one here.**（ここから片脚を出して、もう片方はここから）は、ズボンの履き方を説明する言い方。

24

自分で着られる?

Can you put it on by yourself?
プティトオン

put ~ on = ～を着る／by oneself = 自分だけで
I can put it on by myself. で「自分で着られるよ」。「自分で出来たね。すごい！」は **You did it all by yourself. Good job!**。

♪MP3 03

25

まさか、またそれ着ていくの!?

アウトフィッタゲン

You're not wearing that outfit again, are you?

outfit = 服装
You're not ~, are you?は、「～じゃないよね?」と念を押すときの表現。**You're not going to kindergarten in your pajamas, are you?**（パジャマで幼稚園に行かないよね?） 子どもがよく着たがる「キャラものの洋服」は character clothing と言う。

26

いつも着てると洗濯できないよー。

ウォッシィッティフ　ウェアリンギィット

I can't wash it if you keep wearing it.

keep ~ing = ～し続ける、ずっと～している
if you keep ~ing で、「もしあなたが～し続けるなら」という表現になる。ここでは「もしそれを着続けるなら、洗ってあげられないよ」と言っている。**We won't be ready in time if you keep taking off your pants.** は「もしズボンを脱ぎ続けるなら、時間までに準備ができないよ」。in time は「時間内に」。

27

惜しい! Tシャツが裏返しだよ。

オールモスト　ティーシャティズィンサイダウッ

Almost! Your T-shirt is inside out.

Almost! = 惜しい!、あとちょっと! ／ inside out = (衣服が) 裏返しに
Close!（近い!、惜しい!）と言ってもよい。

28

トレーナーが前と後ろ反対だよ。

Your sweatshirt(スウェットシャーティズ) is back-to-front.

sweatshirt = トレーナー ／ back-to-front = (衣服が) 前と後ろ反対に
The tag goes in the back. (タグは背中にいくんだよ) や、前にイラストがある服なら、**The picture should go in front.** (絵は前にあった方がいいよね) などと声を掛けることができる。

よくできたね！　向きだけ変えようか。

Well done!
Let's turn(ターニッ) it the right(ライットウェイ) way around.

Well done! = よくやった！、さすが！ ／ **turn ~ the right way around =** 正しい向きに～を回転させる
最初から間違いを指摘するより、Well done! を使ってまずは頑張りを褒めた上で、手を貸してあげたい。

30

髪は一つ結び？　二つ結び？

Ponytail(ポゥニィテイル) or pigtails(ピッグテイル)?

ponytail = ポニーテール ／ **pigtails =** 二つ結び
pigtail は直訳すると「豚のしっぽ」。pigtails と複数形で「二つ結び、ツインテール」という意味になる。

♪MP3 03

どっちのヘアゴムがいい？　赤、それとも青いの？

Which hair tie do you want? Red or blue?

タイ: tie / ワン: want

Which ~ do you want? = どっちの～がいい？ ／ hair tie = ヘアゴム
「ヘアクリップ」は hair clip、「バレッタ（髪留め）」は barrette、「リボン」は ribbon、「蝶結び」は bow と言う。**So you want the bow hair clips today, do you?**（じゃあ今日は蝶結びのヘアクリップがいいのね？）

今日の編み込みうまくできたぞ。

Today's braids turned out well.

ブレイズ: braids / ターンダウッ: turned out

braid = 三つ編みの髪、編み込んだ髪 ／ turn out well = 結果的にうまくいく
braid は「（髪を）編む」という動詞でもある。**I want to learn how to braid my daughter's hair.**（娘の髪の編み込み方を教わりたい）。「三つ編み、おさげ」は plait とも言う。「おだんご」は bun［バン］。**Let's put your hair in a bun.**（髪の毛をおだんごにしようか）

ちゃんと立っててね。すぐ終わるから。

Stand still, please. It won't take long.

スタンスティル: Stand still / イッウォーンテイク: It won't take

stand still = じっと立っている ／ take long = 時間がかかる
ここでは命令形となっている。親が子どもに何かを言い付けるときにも、please（どうぞ、どうか）を付けることが多い。

34

はい、できたよ。

Here you are.

Here you are. は「はい、どうぞ」という意味でさまざまな状況で使うことができる表現。**Do you need a tissue? Here you are.**（ティッシュいる？　はい、どうぞ）

35

おしゃれさんだね！

You look smart!

look = ～のように見える／**smart** = きちんとした、あか抜けた
smart には「賢い」だけではなく「（服装など）身なりのきちんとした、こざっぱりした」という意味がある。pretty（かわいい）は外見を褒める言葉だが、smart を使うと、本人を引き立てる洋服の着こなしを褒める表現になる。**You look cool!**（かっこいいね！）は身だしなみがキマっている、と褒めている。

36

ひえ～！　もうこんな時間！

Oh, no! Look at the time!

（ルッカッザ）

Oh, no! は「しまった！、うわあ！」など驚きを表す間投詞。**Oh, no! You need a boxed lunch today!**（しまった！　今日はお弁当がいるんだ！）

Chapter 1 朝
Chapter 2 遊び
Chapter 3 お出かけ
Chapter 4 食事
Chapter 5 親子のコミュニケーション
Chapter 6 成長
Chapter 7 体調
Chapter 8 トイレ 風呂 歯磨き
Chapter 9 夜

♪MP3 03

パパが幼稚園に連れていってくれるからね。

ティキュー　キンダーガーテン

Daddy will take you to kindergarten.

Daddy = パパ（幼児語） ／take ~ to ... = ～を…へ連れて行く／kindergarten = 幼稚園

Daddyは幼い子が父親に呼び掛ける言葉で、成長するにつれて、Dadなどに変わることが多い。ママはMommy、またはMom。

忘れ物はないかな?

Do you have everything?

Do you have everything?（全部持ってる?）と聞いて、忘れ物がないかを確認している。

靴履こうね。

プッチュアシューゾン

Let's put your shoes on.

put ~ on = ～（衣服）を身に着ける

get ~ onもput ~ onと同じ意味で使える。「長靴」はrain boots、イギリス英語ではwellies（Wellington bootsの略）と言う。「スニーカー」はsneakersや running shoes、「サンダル」はsandalsと言う。

40

帽子をかぶって。

プッチュア　ハットン
Put your hat on.

「帽子をかぶるのを忘れないで」は **Don't forget to wear your hat.** と言うことができる。put/get ~ on は、これから「～を身に着ける」という動作を表し、wear は「身に着けている」状態を表している。

準備完了。さあ、行こうか!

You're all set. Let's go!

all set = 準備が全て整っている、用意ができている
「準備ができている」は ready を使って言うこともできる。**Are you ready to go?**（出かける準備ができたかな?）

いってらっしゃ～い!

ハヴァ
Have a nice day!

家族が交わす「いってきます」「いってらっしゃい」のような決まったあいさつは、英語には特にない。出掛ける方が Bye. と言えば、**See you later.**（後でね）や **Have a nice day.**（よい一日を）などと言う。Have a nice day. は店員が Goodbye. の代わりに言う言葉でもある。

CLOSE UP!

1
帽子をかぶって。

Put your hat on.

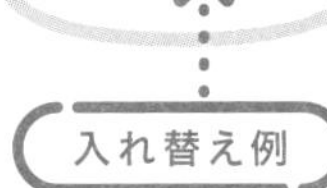

underwear 下着(パンツ)	shirt シャツ	pants ズボン
socks 靴下	shoes 靴	coat 上着

例文

Make sure you put your underwear on first.
先に下着を着るんだよ。

You'd better put your coat on before you walk out into the cold.
寒い外に出る前に、上着を着た方がいいよ。

make sure ~は「必ず～(するように)する」。put ~ onで「～を身に着ける、かぶる、着る、履く」。put ~ onでも同じ意味。underwearは「(下着の)パンツ」も含まれる。2文目のthe coldは「寒い天候」という意味。

入れ替え表現

♪MP3 04

2
おしゃれさんだね!

You look smart!

classy	**chic**	**stylish**
気品のある	シックな	洗練された
cool	**sharp**	**dapper**
かっこいい	しゃれた服装の	服装がこざっぱりした、粋な

例文

You look so cool. Where did you get that outfit?
すごくかっこいいね。その服どこで買ったの?

You look quite dapper in that suit.
そのスーツ姿、かなり粋だね。

上の単語は、服装について話すときに使える形容詞。

Skit／会話

Chapter 1で学習した表現を会話で使ってみよう

❶ パパとママ、朝の業務連絡

Dad：Good morning. Did you sleep well?

Mom：Oh, not very well. I didn't get enough sleep. Tom got cranky early this morning.

Dad：He was in a bad mood last night. I'll take him. Have you changed his diaper?

Mom：No, not yet. Can you pat his back first? I've breast-fed him, but he hasn't burped yet.

Dad：Sure. Oh, no! Look at the time. Why don't you❶ go and wake Sophie up? Breakfast is ready❷.

Mom：Thanks! I'll help her get dressed.

パパ：おはよう。よく眠れた？

ママ：ううん、あんまり。睡眠不足だわ。トムが今朝早くにぐずったのよ。

パパ：昨日の夜もご機嫌ナナメだったよね。こっちに渡して。もうおむつ替えた？

ママ：ううん、まだ。先に背中トントンしてあげてくれる？授乳した後、ゲップしてないの。

パパ：もちろん。うわっ！　もうこんな時間。ソフィーを起こしてきてよ。朝ごはんできてるから。

ママ：ありがとう！　ソフィーの着替えを手伝ってくる。

【語注】

❶ Why don't you ~?：～するのはどう？

❷ ready：準備ができている

❷ 一人でお着替えできるかな？

Mom：Sophie, time to wake up! Oh, are you awake already?
Let's get dressed.

Sophie：I have to take off my pajamas first.

Mom：I'll help you take them off. Lift your arms.

Sophie：Look, I folded my pajamas.

Mom：Well done! Which outfit do you want to wear?
This one or that one?

Sophie：I want to wear my purple pants.

Mom：OK. Let me help you put on your T-shirt first.

Sophie：I want to wear the blue one.

ママ：ソフィー、起きる時間だよ！　あれ、もう起きてるの？
お着替えしようか。

ソフィー：まずパジャマを脱がなきゃ。

ママ：脱ぐの手伝うよ。バンザイして。

ソフィー：見て、パジャマたためたよ。

ママ：すごいね！　どっちの服が着たい？　こっちのか、そっちか。

ソフィー：紫のズボンがいいな。

ママ：いいよ。まず Tシャツを先に着ようか。

ソフィー：青い Tシャツがいい。

Quick Check ／ Chapter 1に出てきたフレーズの復習

以下の日本語の意味になるよう英文を完成させてください。答えはページの下にあります。

❶ 目を覚ます ➡P016
She (　　　)(　　　).

❷ しゃっくりをする ➡P017
She (　　　).

❸ くしゃみをする ➡P017
She (　　　).

❹ おむつ替えマットを敷く ➡P017
I (　　　)(　　　) a changing pad.

❺ 引き出しから服を出す ➡P019
I (　　　) her clothes (　　　) of the drawer.

❻ ふわあ、寝不足だ……。 ➡P022
Oh, dear, I didn't get (　　　)(　　　).

❼ 今日はご機嫌だね。 ➡P025
You're in a (　　　)(　　　) today.

❽ 雨が降りそう。 ➡P027
It (　　　) like it's (　　　) to rain.

❾ 惜しい!　Tシャツが裏返しだよ。 ➡P030
(　　　)! Your T-shirt is (　　　) out.

❿ ちゃんと立っててね。すぐ終わるから。 ➡P032
Stand (　　　), please. It won't (　　　) long.

❶ wakes / up
❷ hiccups
❸ sneezes
❹ lay / out
❺ take / out
❻ enough / sleep
❼ good / mood
❽ looks / going
❾ Almost / inside
❿ still / take

【はじめての子育て編】

分からないことだらけで試行錯誤の毎日。

❶ こんなに眠れない日々が続くとは。

I never imagined how sleep-deprived I would be.

※sleep-deprived = 睡眠不足の

❷ 兄弟がいたらもっと忙しいのかな。

I wonder how hectic it would be if we had more children.

※hectic = 非常に忙しい

❸ ベビーグッズはちりつもで結構な出費だな。

Baby products can add up to quite a lot.

※add up to ~ = 合計〜になる

❹ スタイ大量に用意したけど、うちの子よだれ全然出ないわ。

I stocked up on bibs, but my baby's not the drooling type.

※drool = よだれを垂らす

❺ 友達に離乳食作り置きのコツを教えてもらった。

A friend gave me some tips on preparing make-ahead baby food.

※tip = 助言、コツ

❻ 育児の常識が分からない!

I don't know what the norms of parenting are!

※norm = 規範、基準／parenting = 親の役割、育児

❼ 分からないことも多いけど、ネットで調べれば何でも出てくる。

I'm generally in the dark, but the internet is full of resources.

※be in the dark = 見当がつかない

---

❽ パパ何でも私に聞いてくるけど、私も育児はじめてなんですけど。自分で調べてくれ〜。

Daddy comes to me for answers, but I'm new at this, too. Please look things up yourself!

※look ~ up = 〜を調べる

---

❾ 世のママたちはどうやってトイトレ進めてるの?

How on earth do mothers succeed in toilet training?

※on earth = (疑問を強調して)いったい

---

❿ 先輩ママって頼りになる。

Experienced moms are so helpful.

⓫ 子ども服ってこんなに早くサイズアウトするの!?

I didn't know that children could grow out of their clothes so quickly!

※grow out of ~ = (成長して)〜を着ることができなくなる

⓬ 親戚からおさがりたくさんもらってラッキー♪

We're so lucky we received loads of hand-me-downs from our relatives.

※loads of = たくさんの／hand-me-downs = おさがり

Chapter 2

Playing／遊び

外で思い切り駆け回ったり、お家で自由に
絵を描いたり、子どもは遊ぶのが大好き!
付き合う親は疲れるときもありますが、
楽しそうな顔を見るとやらせてよかったと思うもの。
遊びを通した子ども同士のやりとりから、
わが子の成長を感じるかもしれません。

♪MP3 06

Words / 単語編

このChapterに関連する単語を覚えよう!

① **park/playground**
② **children's hall**
③ **slide**
④ **jungle gym**
⑤ **swings**
⑥ **sandbox**
⑦ **rock-paper-scissors**
⑧ **ball**
⑨ **jump rope**
⑩ **shade**
⑪ **leaves**
⑫ **acorn**
⑬ **mud**

⑭ タブレット
⑮ 子ども番組
⑯ おままごとをする
⑰ 折り紙をする
⑱ お絵描きする
⑲ はさみ
⑳ ヒーロー
㉑ 写真
㉒ 動画
㉓ アプリ
㉔ ジグソーパズル
㉕ ブロック
㉖ おもちゃの列車
㉗ 線路
㉘ おもちゃ

⑭ tablet
⑮ kids' program
⑯ play house
⑰ do origami
⑱ draw [a picture]
⑲ scissors

⑳ superhero
㉑ picture
㉒ video
㉓ app
㉔ jigsaw puzzle
㉕ blocks

㉖ toy train
㉗ train tracks
㉘ toy

♪MP3 07

Behavior ／ 動作表現

子どもの遊びに関する動作を英語で言ってみよう!

1＿公園に行く

We go to the park/ playground.

2＿公園を走り回る

He runs around the park. (ランザラウンザ)

3＿鬼ごっこをする

We play tag.

4＿かくれんぼをする

We play hide-and-seek. (ハイダンシーク)

5＿ジャングルジムに登る

He climbs on the jungle gym. (クライムゾン)

6＿ブランコに乗る

He plays on the swings. (プレイゾン)

tips

1＿parkは「(散策したり運動したりする)公園、庭園」、playgroundは「(児童)公園、遊具のある遊び場」を指す。Let's go to the playground in the park.(公園の遊び場に行こう)という言い方もできる。

3＿「鬼ごっこ」はtagやgame of tag、捕まると動けなくなる「氷鬼」はStuck in the Mudなどと呼ばれる。

4＿鬼ごっこやかくれんぼの「鬼」はit(それ)と呼ばれる。

5＿「ジャングルジム」はclimbing frameとも言う。「うんてい」はmonkey bars。

6＿「ブランコに乗る」はgo/ride on the swingsとも言える。

7_ go up and downは「（登ったり下りたりして）滑り台で遊ぶ」と言う表現。「滑り台を滑り降りる」はgo down the slideと言える。

8_ sandboxは「砂場」。「シャベル」はshovel、「スコップ」はscoop、「バケツ」はbucket、「型」はmoldと言う。

9_ 縄跳び自体もjump ropeと言う。

10_ 「ドリブルする」はdribble。

11_ play catchは「キャッチボールをする」。「ボールを投げる（取る）」はthrow (catch) the ball。

7_ 滑り台で遊ぶ

ゴウザッパンダウン

He goes up and down the slide.

8_ 砂遊びをする

プレイズィン　サンドバックス

He plays in the sandbox.

9_ 縄跳びをする

ロウプ

He jumps rope.

10_ ボールを蹴る

He kicks the ball.

11_ キャッチボールをする

キャッチ

We play catch.

♪MP3 07

12_ 水遊びをする

He plays in the water.

13_ 水着（水遊び用おむつ）に着替えさせる

I help him change into his swimsuit (swim diaper).

14_ 泥遊びをする

プレイズィン
He plays in the mud.

15_ 友達を家に呼ぶ

フレンゾゥヴァー
We have friends over.

tips

12_「水遊び」はwater play。公園内で水遊びができる「じゃぶじゃぶ池」はsplash pondやwading poolなどと言う。

13_「水着」はswimwearやbathing suitなどとも言う。

14_「泥遊び」はmud play。日本の「光る泥団子」はshiny/polished mud ballなどと訳される。

15_ have ~ overで「～を家に招待する」。「友達がうちに遊びに来る」は、come overを使って、His friends come over to play.と言える。

16_ play ~で「～ごっこをする」。play dress-up(着せ替えごっこをする)、play doctor(お医者さんごっこをする)などと言える。「ごっこ遊び」はpretend playと言う。

17_ rock(石＝グー)、paper(紙＝パー)、scissors(はさみ＝チョキ)の順番が入れ替わることもある。じゃんけんを出すタイミングは、Rock, paper, scissors, go!のgo!かscissors!。

18_ share ~ with ...は「～を…と一緒に使う」。

19_ hitは「～をたたく」。pushは「～を押す」。

20_ scatter ~ aroundは「～をばらまく、散乱させる」。

21_「お絵描きをする」は単にdrawでもよい。「壁にお絵描き(落描き)をする」はdraw a picture on the wall。

22_「折り紙(を折る遊びのこと)」はorigamiとして広く知られている。「折り紙用紙」はorigami paper。

16_ おままごとをする

He plays house.

17_ じゃんけんをする

They play rock-paper-scissors. (スィザーズ)

18_ お友達とおもちゃを一緒に使う

He shares his toys with his friends.

19_ お友達に手を出す

He hits/pushes a friend.

20_ おもちゃを散らかす

He scatters his toys around. (スキャターズ / トイザラウンド)

21_ お絵描きをする

He draws a picture. (ドローザ)

22_ 折り紙を折る

He does origami.

♪MP3 07

23_ はさみを使う

He uses the scissors.（スィザーズ）

24_ ジグソーパズルをする

He does a jigsaw puzzle.（ダザ）

25_ ブロックで遊ぶ

He plays with blocks.

26_ 線路を組み立てる

He puts together train tracks.

27_ 列車を走らせる

He pushes the toy train along the tracks.

28_ ヒーローになりきる

He pretends to be a superhero.

29_ おもちゃを片付ける

He puts his toys away.（トイザウェイ）

tips

23_ scissors(はさみ)は刃が対になっているので必ず複数形で使う。「はさみ一丁」はa pair of scissors。

25_ 積み木もblocksでよい。

26_ put togetherは「組み立てる」。trackは「(列車の)線路」。列車や線路など「電車のおもちゃ一式」を、train setと言う。

27_ 「木製の列車」はwooden train、「電池式の列車」はbattery-operated train。

28_ pretend to be ~ は「～のふりをする」。

29_ put ~ away は「～を片付ける、しまう」。put away ~ も同じ意味。

30_ 子ども番組を見る

He watches a kids' program.

31_ タブレットで動画を見る

He watches a video on the tablet.

32_ 写真を撮る

We take pictures.

33_ アプリで写真を共有する

I share some photos
ユーズィンガンアップ
using an app.

30_「子ども番組」はchildren's programとも言う。

32_「写真を(何枚か)撮る」。はtake photosとも言える。「自撮りする」はWe take selfies.と言う。

33_「アプリ」はapp。「家族とだけ写真をシェアする」は、privately(内密に、非公開で)を使って、I share some photos privately with my family.と言う。

♪MP3 08

Tweets
つぶやき表現
子どもを遊ばせるときのつぶやき

1

公園と児童館どっちがいいかな。

Should we go to the playground or the children's hall?

playground = (児童)公園、遊具のある遊び場 ／ 児童館 = children's hall
Should we ~ or ... ?は、「私たちは～すべきか、それとも…すべきだろうか？」と、二つの選択肢の間で迷うときの表現。

2

公園に誰かいるかな。

I wonder if there's anybody at the (アッザ) playground.

I wonder if ~ = ～かしら（と思う）／anybody = 誰か
I wonder if it'll rain later today.（今日はこれから雨が降るのかな）

3

見て、お友達が来てるよ。

Look, your friends are (フレンザー) here.

「いつものメンバー」は usual friendsと言うことができる。**Your usual friends are here.**（いつものメンバーが来てるね）

4

「いーれーて」って言ってみようか。

キャナイ

Let's say, "Can I play?"

子どもに、あいさつやお礼などを言うよう促すには、Say ~（～と言いなさい）やLet's say ~（～って言おうか）などと言う。「ちょっとあいさつに行こうか」は **Let's go say hello.**。Can I play? は、ここでは「私も遊んでもいい？」つまり、「（遊び・仲間に）いれて」という表現。

5

走り回るだけでも、子どもは楽しそうだな。

ラニンガラウン

Kids have fun just running around.

have fun = 楽しい時間を過ごす、楽しむ ／ **run around** = 走り回る
Kids have fun just hanging around. で「うろちょろしてるだけでも、子どもは楽しそうだな」。

6

はあ、いい運動になるわ。

フュー　エクササイズ

Phew, this is great exercise.

phew = ふう、はあ ／ **exercise** = 運動、体操
phewは、ほっとしたとき、一息つくときなどに言う「ふう、はあ」。

7

おーい、休憩しようよー！

Hey, let's take a break!

テイカブレイク

hey = ねえ、ちょっと ／ take a break ＝ 休憩する、一休みする
hey は「ねえ、ちょっと」と注意を引くための呼び掛け。breakを使った表現に、**I need a break.**（休みが必要だ）がある。

8

帽子持ってくるんだった！

I should have brought a hat!

ブロウタ

should have ~ = ～するべきだった ／ bring = ～を持ってくる
brought は bring（持ってくる）の過去分詞。should have ＋ 過去分詞で、「～するべきだった」と、実現しなかったことに対する残念な気持ちを表す。**I should have worn my down jacket!**（ダウンジャケットを着てくるんだった！） ※ wornは wear（着る）の過去分詞形

9

日陰が欲しい～！

I need to be in the shade!

ニートゥー

need to ~ = ～しなければならない ／ in the shade = 日陰に、木陰で
I need to be in the sun! で「日なたにいないと！」。

10

熱中症にならないよう、水を飲もう。

Let's drink some water to prevent（プリヴェント） heatstroke（ヒートストロウク）.

prevent = （～が起きるのを）防ぐ／**heatstroke** = 熱中症、熱射病
「脱水症」は dehydration。「水分」は fluid。「水分をたくさん取って脱水症を防ごう」は **Let's drink lots of fluids to prevent dehydration.** と言える。

ジャングルジムのてっぺんまで登れたね！

You climbed all the way to the top（トッポヴ） of the jungle gym!

climb = 登る／**all the way to ~** = ～までずっと／**top** = 頂上
「見てたよ！」は **I saw you!** と言えばよい。**I saw you do the monkey bars!**（うんていしてたの見てたよ！）　※ monkey bar = うんてい

ブランコしたいの？

Do you want to（ワントゥー） go on the swings?

go on the swings = ブランコに乗る
「～が乗るブランコを押してあげる」は push ~ on the swing。「ブランコをこぐ」は pump on the swingと言う。**Do you want me to push you on the swing?** で「ブランコ押してあげようか？」と聞くことができる。

♪MP3 08

13

順番だよ。

Let's take turns.

テイッターンズ

turn = 順番、番
take turns は「順番に代わる」。遊具を交代で使うときには take turns on the slide（かわりばんこに滑り台で遊ぶ）のように言う。「順番を待ちなさい」は **Wait for your turn.**。「あなたの番だよ」は **It's your turn.**。

14

だいぶお友達と仲良く遊べるようになってきたな。

He's starting to play well with other children.

start to ~ = ～し始める／play well = 上手に遊ぶ
日本語では初対面の子どもでも「お友達」と言うが、英語では other children（ほかの子ども）でよい。

15

ほらほら、捕まえちゃうぞー！

Hey, Mommy is coming to get you!

get ~ = ～（人）を逃さない、捕まえる
come to get ~で「～を捕まえに来る」という表現になる。「捕まえてごらん」と言いたいときは、**Now you're "it." Come and get me!** は（今度はあなたが鬼だよ。捕まえてごらん！）のように言える。

16

いないいないばあ!

ピーカブー

Peekaboo!

Peekaboo! = いないいないばあ!
「なんで赤ちゃんはみんな、いないいないばあが好きなんだろう?」は、**Why do all babies love peekaboo?** と言う。

葉っぱがいろんな色できれいだよ。

ルッカッザ　カラードリーヴズ

Look at the beautiful colored leaves.

colored leaves = 紅葉、色付いた葉
「紅葉」は autumn leaves とも言う。「桜の花」は cherry blossoms。**The cherry blossoms are in full bloom.** で「桜が満開だ」という表現になる。

18

季節が変わるのは早いなあ。

The seasons pass by so quickly.

season = 季節 / pass by = 過ぎ去る / quickly = 早く
quickly(早く)に so(とても、非常に)を付け加えることで、「あまりに早く」という意味を込めている。**I cannot believe how quickly the seasons pass by.**(信じられないくらい早く季節が過ぎ去って行く)と言い換えることもできる。

19

どんぐりがたくさん地面に落ちてるよ!

ルッカットール　エイコーンゾン

Look at all the acorns on the ground!

acorn =どんぐり／ground = 地面

「もっとどんぐり拾うの?」は、**Are you going to collect more acorns?**。まだまだ拾いたがっているときは、**Don't you think you have plenty already?**（もう十分あるんじゃない?）と聞いて、考えさせてあげるのもよい。plentyは「多量、十分」。

20

触ってみる?

ワントゥタッチイッ

Do you want to touch it?

touch ~ = ～を触る

「触らない方がいいよ」は **You'd better not touch it.**。You'dは You hadの略。You had better not ~で「～しない方がいい」。さらに強い口調で「触っちゃダメ！」と言うときは **Don't touch it!**と命令形を使う。

暗くなってきた。帰る時間だよ。

ゲッティンダーッカウッサイド

It's getting dark outside. It's time to go home.

get dark = 暗くなる／It's time to ~ = ～する時間だ

「そろそろ遅い時間だよ」は **It's getting late.**と言う。go home のように「家に帰る」と言うときの「家」は、house ではなく homeを使う。

22

今日はお友達が遊びに来るよ。

フレンズァー　カミンゴゥヴァ

Your friends are coming over today.

come over = 家に遊びに来る
まだ一人で遊ぶ約束ができない子どもの「遊ぶ約束」は、play dateと言う。親同士の「遊ぶ日を決めましょうか」は、**Let's set a play date.** と言う。

23

お友達と何して遊びたい？

ワッドゥーユーワントゥ

What do you want to play with them?

「人形遊びをする」は play with dolls。「ボードゲームをする」は play a board gameと言う。

24

おもちゃ出しておこうか。

ゲッサム　トイザウト

Shall we get some toys out?

Shall we ~? = ～しましょうか？／get ~ out = ～を（取り）出す
しまってあるおもちゃを、遊べるように出しておこう、と言っている。Let's get some toys out.とも言う。「おもちゃは一つずつ出そうか」は、**Let's get one toy out at a time.** と言える。at a timeは「一度に」。

Chapter 2 遊び

25

「貸ーしーて」って言ってみよっか。

キャナイユーズィット

Ask, “Can I use it?”

Can I use it? で「使ってもいい?、貸して」。「少し貸してあげる?」と促すときは、**Do you want to let him use it for a while?** という言い方がある。borrow（借りる）や lend（貸す）を使ってもいいけれど、2、3日持ち帰るような貸し借りにも使う言葉なので、その場の貸し借りのときは、useが紛らわしくない。

26

「どうぞ」ができるようになってきたな。

シェアリング

He's getting better at sharing.

get better at ~ = ～するのが上手くなる／share =（人に）使わせる、共同で使用する

He's = He is。get better at ~には、あまりできなかったことが上手くなってきたというニュアンスが含まれる。「『どうぞ』ができるようになる」は、人に物を貸したり、一緒に使ったりすることができるようになるという意味と捉え、get better at sharing としている。

27

あっ、コラ！　ケンカしないよ。仲良く遊ぼうね。

ファイティング

Hey! No fighting. Let's play nicely.

fight = ケンカする／play nicely = 仲良く遊ぶ、ケンカせず遊ぶ

ここの Hey! は注意を引くだけではなく、「コラ！」と叱っている。「コラ！　お部屋で走らないよ」なら **Hey! No running in the room.**。

28

こちょこちょこちょー！

Tickle, tickle, tickle!

ティクル

tickle = くすぐったい
くすぐるときの擬態語は他に、coochy-coochy-cooがある。「くすぐったがり」はticklish。**Stop! I'm ticklish!**で「やめて！くすぐったがりなの！」という表現になる。

29

はい、いったん中断〜。さて、お絵描きしたい人〜？

OK, time out! Now, who wants to draw?

タイマウット

time out = (競技の）中断時間、タイムアウト／draw = 絵を描く
ここでは、少し興奮した子どもたちの気分を変えるために、おどけて「タイムアウト！」と言って、違うことをしようと呼び掛けている。このnowは、「さて、さあ」と雰囲気を変えるために言っている。**Who wants to do origami (watch TV)?**（折り紙したい［テレビ観たい］人？）

30

これ、お目目？　すごい、ちゃんと絵になってるよ！

Are these eyes? Wow, I can tell what he's drawing.

ワトヒーズ

tell = 見分ける
can tell ~ は「〜が分かる、見分けられる」。I can tell what he's drawing. で、「何を描いているのか分かる」。

♪MP3
08

31

すごい集中力。

フォウカスト

He's so focused.

focused = 集中した

focusは「集中する」という動詞。「集中しなきゃ」は **I have to focus.**、「全然集中できない」は **I can't focus at all.**。子どもが何かに集中して静かになり、「やっと平和と静寂が…」と言いたいときは、**Finally, a little peace and quiet ....**。

折り紙、上手に折れるようになったなあ。

ガトゥン

He's gotten better at origami.

He's = He has。have gotten better at ~ は get better at ~（～が上手くなる）の現在完了形で、「～が上手くなってきた」という表現（p. 60 つぶやき26参照）。**I have gotten better at speaking English.**（英語を話すのが上手くなってきた）

あの番組見ると、すぐ踊るんだよね～。

ザップロウグラム

He dances every time he watches that program.

every time = 毎回 ／ program = 番組

「テレビ番組」はTV showとも言う。**How do they know what kids love?** で「なんで子どもが好きなものが分かるんだろう？」。

あはは、すっかりなりきってる!

Oh! Ha-ha!
He's pretending to be that character!

pretend to be ~ = ～のふりをする／character = キャラクター、登場人物
「～のマネをする」は imitate。**You're imitating a cat!**（猫のマネをしてるんだね!）

35

そっくりだよ! 上手上手～!

You look just like it! You're so good!

look like ~ = ～にそっくりである／just = まさに、全く
他にも、**That's excellent!**（素晴らしい!）という褒め方もある。「もう1回やって! 動画撮ってパパに見せてあげたい!」は **Do it again! I want to take a video and show it to Daddy!** と言う。

36

画面を見る時間が長すぎる。

He's getting too much screen time.

get = ～を得る、確保する／too much = 多すぎる／screen time = 画面を見る時間
「画面にくぎ付けだ」は **His eyes are glued to the screen.**。glue ~ to ...で「～を…にくぎ付けにする」。「タブレット（スマホ）に時間制限を設定しよう」は **I'll set a screen time limit on the tablet (smartphone).** と言うことができる。

37

さあ、お片付けしようか。

タイディ

Let's tidy up.

tidy up = 整理整頓する
Let's put the toys back in the box.（おもちゃを箱に戻そう）と言ってもよい。

こっちみて～！　はい、チーズ！

ルッコウヴァー

Look over here! Say cheese!

over here = こちらへ ／ Say cheese! = はい、チーズ！
over hereは人の注意をこちらに向けたいときの表現。Say cheese!は写真を撮るときの掛け声。

お、いい感じ。よく撮れてる！

ワダグッピクチャー

Oh, this is nice. What a good picture!

What a ~ ! = 何て～だろう！
What a great group shot! で「何て素敵なグループ写真！」と言うことができる。

40

じいじとばあばに送ってあげようっと。

I'll send this one to his grandpa and（アン） grandma.

grandpa = grandfather（祖父）の口語表現
同様に grandma（おばあちゃん）は grandmother（祖母）のこと。**I'll share this picture privately with our friends and family.**（この写真を友達と家族限定公開でシェアしよう）

41

今日は楽しかったね。

We had a lot of（ハダロドブ） fun today, didn't we（ディドゥンウィー）?

have a lot of fun = 大いに楽しむ
didn't we?と付け足すことで、同意を促す表現になる。**We laughed a lot, didn't we?**（たくさん笑ったよね？）

42

また遊ぼうね！

Let's play again soon!

again = また、再度 ／ soon = すぐに
「お友達と楽しく遊べたね！」は、**You played so well with your friends!** と言う。

CLOSE UP!

❶

「いーれーて」って言ってみようか。

Let's say, "Can I play?"

入れ替え例

Please. お願い	**Thank you.** ありがとう	**You're welcome.** どういたしまして
Sorry. ごめんなさい	**That's OK.** いいよ	**My(Your) turn.** 私の(君)の番だよ

例文

He shared a toy with you? Let's say, "Thank you."

おもちゃ貸してもらったの? 「ありがとう」って言ってみようか。

You were in line first? Let's say, "My turn."

先に並んでたの? 「僕の番だよ」って言ってみようか。

子どもが人と関わるときに必要になってくるフレーズ。2文目のin lineは「列になって」。

入れ替え表現

♪MP3 09

2

こっち見て～！

Look over here!

over there あっち	**up** 上	**down** 下
straight ahead まっすぐ前	**behind you** 後ろ	**both ways** 左右を

例文

This bridge is high. Don't look down.

この橋高いな。下見ないでね。

Look both ways before crossing the road.

道路を渡る前は左右を見るんだよ。

ここのLook ~.は「～を見て」という命令形。「左右を見る」はLook both ways.のほかにLook to your right and then to your left.とも言う。

♪MP3 10

Skit / 会話

Chapter2で学習した表現を会話で使ってみよう

❶ 運動不足に気付く休日の公園

Dad : I wonder if there's anybody at the playground. Look, Yuto is here.

Sophie: There he is![1] He's kicking a ball! I want to play, too.

Dad : Why don't you[2] go and ask, "Can I play?"

Sophie: He said I can play! Yeah! Come on, Daddy!

Dad : What? Oh, all right. Phew, this is great exercise.

Sophie: Ha-ha, are you tired already? You can sit on the bench and rest[3].

Dad : Yeah, I'll go rest in the shade.
Kids have fun just running around. I should make[4] her drink some water to prevent heatstroke. Hey, let's take a break!

パパ：公園に誰かいるかな？　見て、ユウトくんが来てるよ。

ソフィー：あ、ほんとだ！　ボール蹴ってる！　私もやりたい〜。

パパ：「いーれーて」って言ってみたら。

ソフィー：一緒に遊ぼうだって！　やったー！　パパもおいでよ！

パパ：え？　わかったよ〜。はあ、いい運動になるよ。

ソフィー：あはは、もう疲れたの？　ベンチで休んだら。

パパ：うん、パパはそこの日陰で休んでるよ。
走り回るだけでも、子どもは楽しそうだな。熱中症にならないように水を飲ませなきゃ。おーい、休憩しようよー！

【語注】

❶ There he/she is!：いたぞ！

❷ Why don't you ~?：〜するのはどう？

❸ rest：休む

❹ make ~ …：~に…させる

❷ 小さな女優たち

Sophie: What do you want to play, Erika? Do you want to dress up[1] and play out[2] that movie we love?

Erika: Yes, let's! I want to be the queen today.

Sophie: No! I want to be the queen, too!

Erika: Why don't we[3] take turns being the queen?

Sophie: All right. You can be the queen first, Erika.

Erika: OK! You can't come near[4] me! My power is too strong!

Sophie: But we only have each other[5], sis[6]!

Mom: They're pretending to be the characters! They're so good!

(Getting late)

Sophie: We had a lot of fun today, didn't we? Let's play again soon! We can play doctor next time.

ソフィー：エリカちゃん何して遊ぶ？　ドレスを着て、あの大好きな映画の劇しようよ！

エリカ：そうしよ！　今日は私、女王役やりたい。

ソフィー：えー！　私も女王がいい！

エリカ：順番に女王やらない？

ソフィー：わかった。エリカちゃん先に女王になっていいよ。

エリカ：うん！　近くに来ちゃだめ！　私の力は強すぎるの！

ソフィー：でもふたりきりの姉妹じゃない、お姉ちゃん！

ママ：二人ともすっかりなりきってる！　上手だな～！

（遅い時間になり…）

ソフィー：今日は楽しかった～！　また遊ぼうね。次はお医者さんごっこしよ！

【語注】

❶ dress up：着飾る、おめかしする

❷ play out：（劇など）最後まで演じる

❸ Why don't we ~?：～しようよ（誘う）

❹ come near：そばに寄る、近づく

❺ have each other：（仲間として）お互いがいる

❻ sis：sisterの略

Quick Check / Chapter 2に出てきたフレーズの復習

以下の日本語の意味になるよう英文を完成させてください。答えはページの下にあります。

❶かくれんぼをする ➡P046
We play (　　　)-and-(　　　).

❷縄跳びをする ➡P047
He (　　　) rope.

❸泥遊びをする ➡P048
He plays in the (　　　).

❹おもちゃを散らかす ➡P049
He (　　　) his toys (　　　).

❺おもちゃを片付ける ➡P050
He (　　　) his toys (　　　).

❻公園に誰かいるかな。 ➡P052
I (　　　)(　　　) there's anybody at the playground.

❼おーい、休憩しようよー! ➡P054
Hey, let's (　　　) a (　　　)!

❽ジャングルジムのてっぺんまで登れたね! ➡P055
You climbed (　　　) the (　　　) to the top of the jungle gym!

❾順番だよ。 ➡P056
Let's (　　　)(　　　).

❿「どうぞ」ができるようになってきたな。 ➡P060
He's (　　　)(　　　) at sharing.

❶hide/seek
❷jumps
❸mud
❹scatters/around
❺puts/away
❻wonder/if
❼take/break
❽all/way
❾take/turns
❿getting/better

Chapter 3

Going Out／お出かけ

子連れでのお出かけは準備が肝心！
目的地までのルート確認、荷物の準備に
子どものご機嫌コントロール…
大変な思いをしてもお出かけに連れていくのは
子どもに初めての体験をさせてやりたい、
家族の思い出を作ってやりたいという
親心があるからですよね。

♪MP3 11

Words ／ 単語編

このChapterに関連する単語を覚えよう!

❶ going out
❷ sunscreen
❸ bug spray
❹ insect repellent patch
❺ water bottle
❻ boxed lunch
❼ bottle
❽ formula
❾ diaper bag
❿ rain boots
⓫ umbrella
⓬ smartphone
⓭ destination
⓮ train
⓯ baby carrier
⓰ stroller
⓱ child safety seat
⓲ seat belt

⑲ zoo
⑳ discount coupon
㉑ nursing room
㉒ restaurant
㉓ family restroom
㉔ souvenirs
㉕ get tired
㉖ bench
㉗ animal
㉘ shoulder ride
㉙ view
㉚ happy memory

Chapter 3 お出かけ

♪MP3 12

Behavior ／ 動作表現

外出時の動作を英語で言ってみよう！

1＿お出かけしたがる

She likes going out.

2＿お出かけの準備をする

ゲッレディ　アンナウティン
I get ready for an outing.

3＿マザーズバッグに持ち物を詰める

I pack the diaper bag.

4＿子連れで行きやすい場所か確認する

デスティネィション
I check to see if the destination is kid-friendly.

5＿おむつを余分に用意する

ダイパーズ
I pack extra diapers.

6＿哺乳瓶と粉ミルクを用意する

パッカ　バトル　フォーミュラ
I pack a bottle and formula.

tips

1＿going outは「外出、お出かけ」。

2＿get ready for ～で「～の準備をする」。outing は「外出」に加えて「散歩、遠足、ピクニック」の意味もある。

3＿packは「（持ち物などをかばんなどに）詰める」。「マザーズバッグ」はdiaper bagと言う。

4＿destination は「目的地」。kid-friendly は「子連れで行きやすい」。family-friendly（家族連れで行きやすい）とも言う。

5＿extraは「余分な、追加の」。

6＿bottle は「哺乳瓶」。formula は「（乳幼児用）粉ミルク」。

7 _ 「お弁当」はboxed/packed lunch。packed lunchは主にイギリスで使われる。

8 _ 「弁当箱」はlunchbox。お弁当にちょこちょこ詰める「おかず」はside dishと言う。

9 _ 「水筒」はwater bottle。「魔法瓶」はvacuum/thermos bottle。thermosはサーモス社の登録商標が一般名詞化したもの。「麦茶」はbarley teaと言う。

10 _ put ~ on ...は「…に~を塗る」。このsomeは「いくらかの」という意味。なくてもいいが、I put sunscreen on her.より「ちょっと塗ってあげる」という柔らかいニュアンスになる。

11 _ bug sprayは「虫よけスプレー」。

7 _ お弁当を作る

I make a boxed lunch.（メイカ）

8 _ お弁当箱におかずを詰める

I put some side dishes in the lunchbox.（サイディシュイズ）

9 _ 水筒にお茶を入れる

I pour tea into the water bottle.（ポア）

10 _ 日焼け止めを塗ってあげる

I put some sunscreen on her.（プットサム）

11 _ 虫よけスプレーをしてあげる

I put some bug spray on her.（バグ）

♪MP3 12

12_ 抱っこひもで抱っこする

I use a baby carrier.
(use: ユーザ)

13_ 自転車のチャイルドシートに乗せる

I put her in the child seat of the bicycle.
(put her: プトハー)

14_ ベビーカーに乗せる

I put her in the stroller.
(stroller: ストロウラー)

15_ 靴を落とす

She drops a shoe.
(shoe: シュー)

tips

12_ baby carrier は「抱っこひも」。「スリング」はbaby slingやbaby wrapなどと言う。

13_「電動アシスト自転車」はelectric assisted bicycleで通称はelectric bikeやe-bike。「ママチャリ」はgranny bike(おばあちゃんの自転車)と呼ばれる。

14_ 一般的な「ベビーカー」はstroller。タイヤの大きい、がっしりしたタイプのものはbuggyとも言う。

16_ get ~ out of ... は「～を…から降ろす」。「ハーネス のバックルを付ける（はずす）」はbuckle（unbuckle）the harnessと言う。

18_ get on（off）～は「～（バス・電車・自転車などの乗り物）に乗る（降りる）」。

19_「電車の窓の外を見る」はlook out the window of the train。

20_ get in（out of）～は「～（車など比較的狭い空間に入り込む乗り物）に乗る、乗り込む（降りる）」。

21_ buckle ~ into ... は「～を…に乗せてシートベルトを締める」。「チャイルドシート」はchild seatだけでもよい。

22_ secure は「～をしっかり締める」。

16_ ベビーカーから降ろす

I get her out of the stroller.
（ゲトハー　アウドブザ　ストロウラー）

17_ 駅でエレベーターを探す

I look for the elevator at the station.
（アッザ）

18_ 電車に乗る（降りる）

We get on (off) the train.
（ゲドン）

19_ 靴を脱がせる

I take her shoes off.
（シューゾフ）

20_ 車に乗る（降りる）

We get in (out of) the car.
（ゲディン）

21_ チャイルドシートに乗せる

I buckle her into the child safety seat.
（バックル）

22_ シートベルトを締める

I secure the seat belt.
（スィキュア　スィートベルト）

♪MP3 12

23_ ドアをロックする（ロックをはずす）

I lock (unlock) the door.

24_ 車を運転する

I drive the car.

25_ 動物園に行く

We go to the zoo.

26_ 園内を見て回る

We take a look around the park.（テイカ／アラウンザ）

27_ アンヨの練習をする

She tries to walk.

28_ 一瞬見失いそうになる

I almost lose sight of her for a moment.

29_ 手をつないで一緒に歩く

She walks beside me, holding my hand.（ホウルディング）

tips

23_ lock は「～をロックする」。「チャイルドロックをかける」はset the child safety lock。

25_ 「水族館」はaquarium、「テーマパーク、遊園地」はtheme park。

26_ take a look around ~ は「～をひと通り見て回る」。

27_ 英語には「アンヨ」のような、歩くことを指す幼児語は特にない。

28_ lose sight of ~で「～を見失う」という意味。「迷子になる」はShe gets lost.。

29_ walk beside ~ は「～と並んで歩く」。

30_ go for a walk は「散歩に出かける、散歩する」。

31_ stroll は「ぶらつく、散歩する」、alongは「～に沿って」。特に川べりや浜辺などに沿って散歩するときにstroll along ~ と言うと、より情景が浮かぶ。

33_ viewはある視点から眺めた「眺め、眺望」を表す言葉。風景全体を表すときにはsceneryと言うこともできる。We enjoy the mountain scenery.（山の景色を楽しむ）

30_ 散歩する

We go for a walk.

31_ 川沿いを歩く

We stroll along（アロンザ） the river.

32_ 風に吹かれる

We feel the wind.

33_ 景色を楽しむ

We enjoy the view.

♪MP3 12

34_ パパに抱っこをねだる

She asks Daddy to carry her.

35_ 授乳室に行く

We go to the nursing room. (nursing: ナースィング)

36_ 多目的トイレを探す

We look for a family restroom.

37_ お土産を買う

We buy souvenirs. (souvenirs: スーヴェニィアーズ)

tips

34_ ask ~ to ... は「～に…するようお願いする」。

35_ nursing roomは「授乳室、ベビー休憩室」。nursingは「授乳用の」という意味。

36_ 性別や障害の有無に関わらず誰でも使える「多目的トイレ」は日本ならではの設備で、英語ではfamily restroomという。accessible toilet(障害者用トイレ)と呼ばれるトイレもある。

38_ want ~ to ...は「～に…してほしがる」。「ごねる、駄々をこねる」はnagを使う(p. 146 つぶやき8参照)。

40_ start to ~ は「～し始める」。nod off は「うとうとする、こっくりする」。

41_ look up at ~ は「～を見上げる」。

42_ gaze at ~は「～を(熱心に、興味を持って)じっと眺める」。We gaze at the stars in the night sky. (夜空の星をじっと眺める)

44_ make lots of memories は「思い出をたくさん作る」。have lots of memoriesで「思い出がたくさんある」。

38_ おもちゃをねだる

She wants us to buy her a toy. (ワンツァス)

39_ 疲れる

She gets tired.

40_ うとうとする

She starts to nod off. (ノドフ)

41_ 空を見上げる

We look up at the sky. (ルッカッパッザ)

42_ 月を眺める

We gaze at the moon. (ゲイザッザ)

43_ 家に帰る

We go home.

44_ 楽しい思い出をたくさん作る

We make lots of happy memories. (ロッツォヴ)

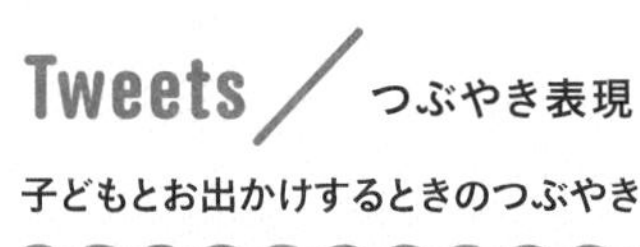

Tweets
つぶやき表現
子どもとお出かけするときのつぶやき

1

今日は家族でお出かけしよう。

オナ　アウティン
Let's go on a family outing today.

go on a ~ = 〜（旅行や出張など）に行く／family outing = 家族でのお出かけ
go out（外出する)を使って、**We haven't gone out together for a while.**で（しばらく一緒に出かけてないね = 一緒に出かけるの久しぶりだね）という言い方ができる。

2

車で行こうか、電車で行こうか。

シュドゥィー
Should we drive or take the train?

Should we ~ or ...?は「私たちは〜すべきか、…すべきだろうか？」(p. 52 つぶやき1参照)。「公共交通機関」は public transportationと言う。**Should we take public transportation for the environment?**（環境のためには公共交通機関を使った方がいいのだろうか?）

3

渋滞にはまりたくないな。

スタック
We don't want to get stuck in traffic.

get stuck in ~ = 〜にはまり込む、〜で立ち往生する／traffic = 交通
get stuck in trafficで「渋滞にはまる」。「渋滞」は traffic jamや road congestionとも言う。

4

電車の方が早く着くかな

We can get there faster if we take the train.

ゲッゼア / テイッザ

We can ~ if we ... =（私たちが）…すれば、～することができる
get there faster で「そこ（目的地）により早く到着する」という意味。

5

スマホで行き方チェックしとこ。

I'll check how to get there on my smartphone.

スマートフォウン

「経路探索」は route search、「電車の乗り換え」は transfer of trainsと言う。**I'll check the transfer of trains with a route search app.**（経路探索アプリで電車の乗り換えをチェックしとこう）

6

さあ、行こうか。

Shall we get going?

ゲッゴゥイン

Shall we ~ ? = ～しましょうか？／**get going =** 出発する、出かける
Shall we ~? は「～しましょうか？」と申し出たり、提案したりする表現。特に複数の人間がこれから一緒に何かをしようというときに、「（準備ができたなら）～しましょうか？」と言える。**Shall we have some lunch?**（もうお昼にしましょうか？）

♪MP3 13

その靴パパの！

ゾウザー

Those are Daddy's shoes!

Where are you going in your daddy's shoes? で「パパの靴でどちらへお出かけですか？」というユーモラスな言い方になる。

8

晴れてるのに、長靴で行くの？

You are wearing your rain boots, even though it's sunny?

rain boots = 長靴 ／ even though ~ = 〜にもかかわらず

You are wearing your coat, even though it's hot?（暑いのに、コート着ていくの？）

傘、ぶんぶんしないよ。

スウィンギュア

Don't swing your umbrella around.

swing ~ around = 〜を振り回す

「危ないよ」は **It's dangerous.**、「誰かに当たるかもよ」は **You might hit someone.** と言う。

虫よけパッチ、自分で貼れるかな。

レペレント

パッチョン

Can you put the insect repellent patch on by yourself?

insect repellent patch = 虫よけパッチ／by oneself = 一人で
Can you put your helmet on by yourself?（一人でヘルメットかぶれるかな？）

ベビーカーに乗ってもらえますか?

ゲディン　ストロウラー

Could you please get in the stroller?

Could you please ~ ? = ～していただけますか？／get in ~ = ～（車などの乗り物）に乗る／stroller = ベビーカー
これは、あえて丁寧な口調を使うことで、親が本気で指示を出していることを伝えている。

出かけるまでが時間かかるんだよね。

イッテイクス　ゲタウッザ

It takes forever to get out the door.

take forever to ~ = ～するのに時間がかかる、なかなか～しない／get out the door = 家を出る
「やっと出かけられた！」は **We finally got out the door!** と言える。

♪MP3 13

13

ほら、電車が来るよ!

カムザ

Here comes the train!

Here comes ~ ! = ほら、～が来るよ!
これは、テーマパークなどで **Here comes your favorite character!**（ほら、あなたの好きなキャラクターが来るよ!）のようにも使えるフレーズ。

危ないから後ろに下がろうね。

ステッバック

It's dangerous, so let's step back.

step back = 後ろに下がる
Let's step back so we'll be safe.（安全のために、一歩下がろうね）という言い方もできる。

ぐずってきたな。パパに抱っこしてもらおう。

Someone's getting cranky.
I'd better ask Daddy to carry her.

cranky = 不機嫌な、怒りっぽい／I'd better ~ = ～した方がいい cf. I'd = I had／ask ~ to ... = ～に…するようお願いする
someone's ~ は「誰かさんが～だ」という表現に近い。**Someone's in a bad mood.**で「誰かさんの機嫌が悪いぞ」。get ~ で「(～の状態に) なる」という意味。**We'd better get something to eat.**は「何か食べた方がいいね」という表現。

16

抱っこは腰にくるんだよね。

Carrying her really gets to my back.

get to ~ = ～にこたえる／back = 腰
「腰痛」は back painと言う。**A lot of new parents get back pain.**（子どもが生まれて腰痛になる人が多い）

え、席譲ってくれるの？　何て優しい！

Oh, are you offering(オファーリング) me your seat(スィーッ)? How kind(カインド)!

offer ~ ...'s seat = ～に…の席を譲る／How kind! = 何て親切な！、何て優しい！
「ママにお花くれるの？　何て優しいの！」は、**Are you giving me this flower? How sweet!** と言える。

子育て中は車があると便利だね。

Cars(カーズァー) are so convenient(コンヴィーニエント) when you have kids.

convenient = 便利な
Let's go for a long drive today! で「今日は車で少し遠くに行こうか！」という表現になる。

MP3 13

19

さあ、車乗って。

カモン　ゲディン
Come on, get in the car.

come on = さあさあ、早く／get in ~ = 〜（車など歩き回るスペースのない乗り物）に乗る cf. get on ~ = 〜（バス・電車などの乗り物）に乗る
Come on. は人を促す表現。「さあさあ、早く！ 楽しみにしてた番組が始まるよ！」は **Come on, your favorite program is about to start!**と言う。

20

チャイルドシート座らないと、行かないよ〜！

スィディン　ナッゴウインッ
Sit in the child safety seat, or we're not going.

child safety seat = チャイルドシート
〜（命令文），or ... は「〜しなさい。さもないと…」という構文。直訳すると「チャイルドシートに座りなさい。さもないと行きませんよ」。**Buckle your seat belt, or we'll stay home.**で「シートベルト締めないと、出かけられないよ」となる。

21

もう少しで着くよ。

オールモスゼア
We're almost there.

almost = ほとんど
We're almost there.（私たちはほとんどそこにいる）という表現で「目的地にもう少しで到着する」ことを意味している。

22

着いたよ。さあ車から降りるよ。

ゲダウドブ

Here we are. Let's get out of the car.

Here we are. = さあ、着いたよ／**get out of ~** = ～（車などの乗り物）から降りる
Here we are at Grandma's house! で「おばあちゃん家に着いたよ！」

23

静かにできて偉かったね。

クワィエット

Well done for being quiet.

quiet = 静かな
Well done for ~ は「～できて偉かったね」と褒める表現。「お礼が言えて偉かったね」は **Well done for saying thank you.**と言う。

24

週末の動物園は混んでるなあ。

ズーザァー　クラウディッドン

Zoos are so crowded on weekends.

zoo = 動物園／**crowded** = 混雑した／**on weekends** = 週末は
「人けのない、閑散としている」は emptyを使う。「このエリアは割と閑散としてる」は **This area is relatively empty.**。relativelyは「比較的」。

25

この割引クーポン（優待サービス）使えるかな。

I hope we can use this discount coupon (complimentary ticket).

（complimentary = コンプリメンタリィ）

discount coupon = 割引クーポン／complimentary ticket = 優待サービス
I hope ...で「…だといいのだが」という期待を表す。「期限切れ」は out of date と言い、**Too bad it's out of date.**で「期限切れで残念」。

自分で歩きたいの?

Do you want to walk by yourself?

（want to = ワントゥー）

walk by oneself = 自力で歩く
by oneselfは「自分だけで、独力で」という意味。

やる気マンマンだね。

You're full of energy.

（full of = フロヴ）

be full of energy = やる気がみなぎっている、張り切っている
「冒険する気マンマンみたいだね！」は**You look like you're ready for an adventure!** という言い方ができる。

28

広々としたところで歩こうか。

Let's go somewhere spacious（スペイシャス） to walk.

somewhere = どこかで ／ spacious = 広々とした
「あまり混雑していないところに行って歩く練習をさせようか」は、**Let's go somewhere less crowded to let her practice walking.** と言う。practice -ingは「（〜することを）練習する」。

イチニ、イチニ。　アンヨは上手！

One, two. One, two.
Wow, you're such（サッチャ） a good walker!

such a good ~ = とても素晴らしい〜 ／ walker = 歩く人
You walk so well.（歩くの上手だね）と言ってもよいが、アンヨの練習をしている子どもを、あえて「歩く人」として褒めるのも楽しい。

そっちじゃないよ、こっちだよ。

Not that way（ナッザッウェイ）, this way.

way = 方向、方面
Don't go that way, come this way. の動詞 go（行く）と come（来る）を省略したフレーズ。

31

前見て歩いてね!

Look where you’re going!

Look where you’re going!は、「進む先・足元に気を付けてください！」という表現。watch（注意して見る、気を付ける）を使って Watch where you’re going!と言うと、すでに起こった危ない行為について気を付けるよう促すフレーズになる。ぶつかりそうになった相手に対して、「どこ見て歩いてるんだ！、気を付けろ！」と文句を言うときにも使われる。

一瞬も目が離せないよ。

I can’t take my eyes off (アイゾフ) her, even for a second.

take one’s eyes off ~ = 〜から目を離す／even = たとえ〜でも／for a second = ほんの一瞬

be always on the moveで「常に動いている、じっとしていない」という表現。

She is always on the move.（全然じっとしてないんだから）

あれは何かな？ ［何なのか］確かめに行こうよ。

What’s that?
Let’s go and find out (ファインダウト) [what it is] .

find out = （謎を）解く、知る

check it out（それを調べる）というフレーズを使って、**Let’s go check it out.**（何か確かめに行こうよ）と言うこともできる。

ほら、パパが肩車してくれるよ。

カモン　ギヴュー

Come on, Daddy will give you a

ショウルダー

shoulder ride.

give ~ a shoulder ride = ～を肩車する

「～をおんぶする」は carry ~ on one's backや、give ~ a piggyback rideと言う。

I'll give you a piggyback ride.（おんぶしてあげるよ）

見える？　初めて見たね。

キャニュー　イッチュア　ファースタイム

Can you see? It's your first time.

first time = 初めての経験

「象を見るのは初めてだね」は、**It's the first time you've seen an elephant.**。

「大きいねえ」は **It's big, isn't it?** や、**Look how big it is!** などと言える。

36

動物好きはパパに似たのかなあ。

She loves animals.

マステイク

She must take after her father.

must = きっと～だろう／take after ~ = ～譲りだ、～に似ている

この must は「きっと～だろう」という推量。「洋服へのこだわりは、私譲りだな」は **As for her love of clothes, she takes after me.**のように言える。

♪MP3 13

37

あそこのベンチに座ろう。

スィットン

Let's sit on the bench over there.

over there = あそこに、向こうに
「あそこにアイスクリーム売り場があるよ」は、**There's an ice cream stand over there.**。

川沿いは気持ちいい〜！

ウォーキンアロンザ

I love walking along the river!

along ~ = 〜に沿って
川沿いなどを歩いていて、「気持ちいい〜！」と言いたいときは、**It feels great.**（気持ちいい）でも OK だが、I love ~ing.（〜するのが大好きだ）と言うと、より気持ちが込もる。

ベビーカーで入れるレストランはあるかな？

ウィザ　ストロウラー

Are there any restaurants that I can go in with a stroller?

restaurant = レストラン
go in with a stroller で「ベビーカー（に子どもを乗せた状態）でそのまま入る」という意味。**The aisles are nice and spacious.**（通路が広々してる）※ aisle[アイル] = 通路

40

そろそろおむつ替えとこうかな。

ダイパー
I should change her diaper.

diaper = おむつ
「おむつ交換台」は diaper changing station。**I wait for my turn to use the diaper changing station.** で「おむつ交換台の順番待ちをする」という表現になる。

41

授乳室はどこだろう。

ナーシンルーム
Where is the nursing room?

nursing room = 授乳室、ベビー休憩室
「ああ、ありがたい。給湯器まである」は **Thank goodness. They even have a hot water dispenser.** と言える。「給湯器」は hot water dispenser。

42

家族で出かけるの、久しぶりだったなあ。

ビーンナウットゥギャザー
We hadn't been out together as a family for a while.

be out = 外出している（状態）／for a while = しばらくの間
hadn't = had not。**We have not been out together for a while.**（しばらく一緒に出かけていない）という状況だったけれど、こうして今日出かけたので、had not been out と過去完了形にしている。

♪MP3 13

お、そろそろ眠そう……。寝ちゃったかな?

Uh-oh, She's getting sleepy. Is she asleep?

get sleepy = 眠くなる／asleep = 眠っている
fall asleepは「眠りに落ちる、眠りにつく」という表現。「一緒に寝そうになっちゃった」は **I almost fell asleep with her.**。

今日お昼寝してないし。

She missed her nap (ナップ) today.

miss = 〜を逃す／nap = お昼寝
「次の電車を逃さないようにしよう」は **Let's not miss the next train.**。

疲れるのも無理ないか。

No wonder she looks so tired.

no wonder ~ = 〜なのも無理はない、どうりで〜なわけだ／look = 〜のように見える／tired = 疲れた
look + 形容詞で「〜のように見える」という意味。**No wonder she was so cranky.**（どうりで機嫌が悪かったわけだ）

46

ふー、子連れのお出かけも体力いるなあ。

フュー　ゴウインガウト

Phew, going out with kids is exhausting.

イグゾゥスティン

phew = ふう、やれやれ／exhausting = 心身を疲れさせる、体力を消耗する
going out with kids（子どもと一緒に出かけること）が主語になっている。

これからも楽しいことをいっぱいやろうね。

ロッツォオヴ

Let's do lots of fun things together.

do fun things = 楽しいことをする
「こうした楽しい思い出を覚えていてくれるといいな」は **I hope these happy memories stay with her.** と言える。

48

また来ようね。

シュッカマゲン

We should come again.

come again = また来る、再訪する
Let's do this again.（またこういうことしようね）という言い方もできる。「お出かけしてよかった」は、**I'm so glad we went out.** と言う。

CLOSE UP!

❶
晴れてるね。

It's sunny.

cloudy	rainy	snowy
曇った	雨降りの	雪の降る
windy	**chilly**	**muggy**
風が強い	肌寒い	蒸し暑い

例文

It's rainy today. I need a raincoat.
今日は雨降りだ。レインコートがいるな。

It's windy today. I should close the window.
今日は風が強いな。窓を閉めておこう。

上の単語は、p.27 つぶやき18「今日は暑くなりそうだ」It's going to be hot today. の hot とも入れ替えて使える。

入れ替え表現

2

ほら、電車が来るよ!

Here comes the train!

sun 太陽	rain 雨	ball ボール
soup スープ	water ※1 水・お湯	ghost ※2 おばけ

例文

Oh, no! Here comes the rain. I left my umbrella at home.

しまった! 雨が降ってきた。傘、家に置いてきちゃった。

Here comes the soup. It's hot. Be careful.

スープだよ。熱いから気を付けて。

Here comes ~. は「~がやってくる」と、注意を促す言葉。

※1 p.240 つぶやき21 ※2 p.263 つぶやき12 参照。

♪MP3 15

Skit／会話

Chapter3で学習した表現を会話で使ってみよう

❶ 歩きたくて

Mom：Look! I think Tom wants to go out. He is wearing his hat.

Dad：That's adorable[1]. He likes going out, doesn't he? All right, let's go on a family outing today.

Mom：Let's get ready, then. I'll pack extra diapers and pour some barley tea into the water bottle ...

Dad：Let's go somewhere spacious so he can practice walking. How about the park along[2] the river?

Mom：That's a great idea! Could you please get in the stroller, Tom? It takes forever to get out the door.

(In the park)

Mom：I love walking along the river! Tom's eager to[3] walk, too!

Dad：Hold my hand. Oh, you want to walk by yourself? Look where you're going!

ママ：見て！ トムがお出かけしたがってる。帽子かぶってるよ！

パパ：かわいいなあ。お外好きだもんね。よし、今日は家族でお出かけしよう。

ママ：そうと決まれば準備しなきゃ。多めにおむつ持って、水筒に麦茶入れて…

パパ：広い場所で歩く練習をさせてあげよう。川沿いの公園は？

ママ：それはいいね！ トム、ベビーカーに乗ってもらえますか？ 出かけるまでが時間かかるんだよね。

(公園にて)

ママ：川沿いは気持ちいい〜！ トムも歩く気マンマンね！

パパ：手つなごうか。あれ、自分で歩きたい？ 前見て歩いてね！

【語注】

❶ adorable：愛らしい

❷ along：に沿った

❸ eager to ~：しきりに〜したがる

② パパと行きたい動物園

Dad : Zoos are so crowded on weekends.

Mom : The place is full of[1] families with children. Look! What's that?

Sophie: I can't see.

Mom : Come on, Daddy will give you a shoulder ride. Can you see the giant panda? It's your first time to see one, isn't it?

Sophie: Wow, a panda bear[2]! I've seen a panda in a picture dictionary[3]! It's so cute!

Mom : She certainly[4] loves animals. She must take after you. Oh, I should change Tom's diaper.

Dad : Yeah, where is the family restroom? Yikes[5], the souvenir shop! She's going to want us to buy her something.

Sophie: Daddy! Can I please have the stuffed[6] panda? Please?

Dad : I knew it ...

パパ：週末の動物園は混んでるなあ。

ママ：子ども連れでいっぱいね。見て！　あれは何かな？

ソフィー：よく見えなーい。

ママ：ほら、パパが肩車してくれるよ。パンダが見える？　初めて見たね。

ソフィー：わーパンダだ！　図鑑で見た！　かわいい～！

ママ：本当に動物好きだね。そこはパパに似たのかな。あ、そろそろトムのおむつ替えとこうかな。

パパ：そうだね、多目的トイレはどこかな。げっまずい、お土産売り場だ！　何かねだられるぞ。

ソフィー：パパー！　パンダのぬいぐるみ買ってー！　お願い～！

パパ：やっぱり…。

【語注】

❶ full of ~：～で満ちている

❷ panda bear：ジャイアントパンダ

❸ picture dictionary：図鑑

❹ certainly：確実に

❺ Yikes：わー！、おっと！（恐怖・驚き・苦痛などを表す声）

❻ stuffed：ぬいぐるみの

Quick Check / Chapter3に出てきたフレーズの復習

以下の日本語の意味になるよう英文を完成させてください。答えはページの下にあります。

❶お出かけの準備をする ➡P074
I (　　　)(　　　) for an outing.

❷子連れで行きやすい場所か確認する ➡P074
I check to see if the destination is (　　　)-(　　　).

❸おむつを余分に用意する ➡P074
I pack (　　　) diapers.

❹園内を見て回る ➡P078
We (　　　) a (　　　) around the park.

❺うとうとする ➡P081
She starts to (　　　)(　　　).

❻車で行こうか、電車で行こうか。 ➡P082
Should we (　　　) or (　　　) the (　　　)?

❼傘、ぶんぶんしないよ。 ➡P084
Don't (　　　) your umbrella (　　　).

❽危ないから後ろに下がろうね。 ➡P086
It's dangerous, so let's (　　　)(　　　).

❾一瞬も目が離せないよ。 ➡P092
I can't (　　　) my eyes (　　　) her, even for a second.

❿疲れるのも無理ないか。 ➡P096
(　　　)(　　　) she looks so tired.

❶get/ready
❷kid/friendly
❸extra
❹take/look
❺nod/off
❻drive/take/train
❼swing/around
❽step/back
❾take/off
❿No/wonder

♪MP3 47

【子育ての悩み編】

子どもはかわいいけれど、親もぼやきたくなるときがある。

❶ 育児ってこんなに手が掛かるとは思わなかった。

I never thought raising a child would be so much work.

---

❷ 子どもと家にいる毎日だと、どんどん世間から取り残されていくみたい。

When I stay home with this small child all day, I feel out of touch with the rest of the world.

※out of touch with ~ = ～と接触しないで

---

❸ 何度言ったら直るんだろう？　もういい加減、うんざり。

How many times do I have to nag him? I am so sick of doing it.

※nag = ～に文句を言う

---

❹ なんでいつも私ばっかり責められるの？

Why is it always my fault?

※fault = 責任、落ち度

---

❺ パパ、ここんとこ毎日午前様だよ。

He has been coming home after midnight every night.

---

❻ また子どもの前で夫婦げんかしちゃった。

We argued right in front of the children again.

※argue = 言い争う

⑦ あんなに引っ込み思案で、幼稚園に行くようになったら大丈夫かしら。

She's so shy. I hope she'll be OK in kindergarten.

---

⑧ 私たち大人がもっと子どもに安全な社会を作らないといけないんだ。

It's our responsibility as adults to make our society safer for children.

---

⑨ じいじとばあばは欲しがる物を何でも買ってやっちゃうんだから。

Grandpa and Grandma buy him anything he wants.

---

⑩ たまには一人の時間が必要だ。

I need some time alone for a change.

---

⑪ 自分以外のママはみんなちゃんとやってるように思える。

All the other moms seem to know what they are doing.

---

⑫ たまには手を抜かなきゃね。

I have to ease up every now and then.

※ease up = のんびりする／every now and then = 時々

Chapter 4

Mealtime／食事

乳幼児の食事はとにかく一筋縄ではいきません。
頑張って離乳食を作ればお茶わんをひっくり返す。
気に入らなかったものは手を付けてくれない。
好き嫌いがあったり、食が細かったりするのに
苦悩しながらも、おいしそうにモグモグする
姿を見ると一瞬で報われた気持ちに。

♪MP3 16

Words / 単語編

このChapterに関連する単語を覚えよう!

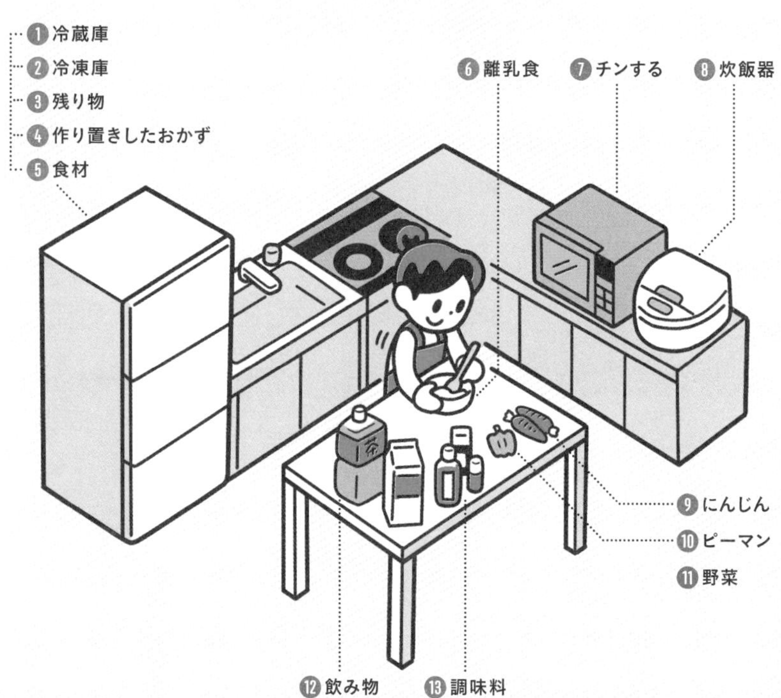

❶ refrigerator
❷ freezer
❸ leftovers
❹ premade meal
❺ groceries
❻ baby food
❼ heat up
❽ rice cooker
❾ carrot
❿ green pepper
⓫ vegetable
⓬ something to drink
⓭ seasoning

⑭夕飯
⑮栄養
⑯好き嫌いが多い人
⑰食が細い人
⑱酸っぱいもの
⑲スプーン
⑳大人のごはん
㉑ハイチェア
㉒食事用エプロン
㉓割れないお皿
㉔お茶わん
㉕床
㉖フォーク
㉗味噌汁
㉘豆腐
㉙主菜
㉚ハンバーグ
㉛お箸

⑭ dinner
⑮ nutrient
⑯ picky eater
⑰ light eater
⑱ sour-tasting food
⑲ spoon
⑳ grown-ups' food
㉑ high chair
㉒ bib
㉓ nonbreakable plate
㉔ bowl
㉕ floor
㉖ fork
㉗ miso soup
㉘ tofu
㉙ main dish
㉚ hamburger steak
㉛ chopsticks

♪MP3 17

Behavior／動作表現

子どもの食事に関する動作を英語で言ってみよう!

1_食材を宅配してもらう

グロサリーズ
I have the groceries delivered.

2_冷蔵庫を開ける(閉める)

リフリジレイター
I open (close) the refrigerator door.

3_食事の支度をする

I prepare a meal.

4_食べ物に興味を示す

インタレスティン
He shows interest in foods.

5_離乳食を作る

フード
I make baby food.

6_ひとつずつ新しい食材をあげてみる

アタ
I introduce new foods one at a time.

tips

1_have ~ deliveredは「～を配達してもらう」という表現。groceriesは「食材、食料品」。「買い出しに行く」はgo grocery shopping。

2_英語では、「冷蔵庫の扉を開閉する」という言い方をする。「冷凍庫」はfreezer。

3_prepareは「～の支度をする、調理する」。特に「(火を使って) 調理をする」と言いたいときはcookやmakeを使う。

5_「離乳食」はweaning foodsとも言う。「流動食は」liquid foods。「固形食」はsolid foods。「おかゆを作る」はI make some rice porridge.。

6_one at a timeは「一度にひとつずつ」。

8 _ boilは「～を煮る」。tender は「(食べ物などが)軟らかい、楽にかめる」。

9 _ mash は「～をすりつぶす」。puréeは「～をピューレにする、裏ごしする」。

10 _ addは「加える」。a pinch of ～で「ひとつまみの～」。「薄味」はblandという言葉もあるが、これは「風味がない、味がない」という意味で使う。

11 _ seasoning は「味つけ、調味料」。

7 _ 野菜を細かく切る

I cut the (カッザ) vegetables into small pieces.

8 _ 野菜を軟らかくなるまで煮る

I boil the vegetables until tender.

9 _ じゃがいもをつぶす

I mash the potato (パティドゥ).

10 _ 薄味にする

I add just a pinch of salt or (ソルトァ) sugar.

11 _ 味を調える

I add some (アドサム) seasoning (スィーズニン).

♪MP3 17

12_ テーブルにお皿を並べる

I place the dishes on the table.
（ディッシュイズ）

13_ 割れないお皿を使う

I use nonbreakable plates.
（ノンブレイカブル）

14_ 子どもの分を取り分ける

I dish out the food into his bowl.
（ディッシャウッザ）

15_ 食事を冷ます

I let the food cool.
（フードクール）

tips

12_ placeは「～を（適切な場所に）置く、並べる」。

13_ 「割れない」はunbreakableとも言う。「食洗機（電子レンジ）対応」はdishwasher（microwave）safe。

14_ dish outは「（料理を）皿に取り分ける」。bowlは「おわん」。

15_ let ~ coolで「～を冷ます」。coolは「冷める」。

16_ 日本でいう「スタイ」もbib(よだれ掛け)と言う。「食べこぼしポケット付きスタイ」はa bib with a food catcher pocket。

17_「～を座らせる」はsit。high chair は「(テーブルの高さに合わせた)子ども用椅子」。椅子の上に乗せる子ども用の補助椅子はbooster seatと言う。

18_ feedは「～に食事を与える」。

19_ something to drink は「何か飲む物」。

20_ He grabs his food. (食べ物を手づかみする)と言うこともできる。「手でつまんで食べられる物」はfinger foodと言う。

16_ 食事用エプロンをさせる

(プッタビボン)
I put a bib on him.

17_ ハイチェア(補助椅子)に座らせる

I sit him in the high chair (on the booster seat).

18_ 食べさせる

I feed him.

19_ 飲み物を飲ませる

(サムスィントゥ)
I give him something to drink.

20_ 手づかみ食べをする

He eats with his hands.

21_ 食べ物をかみ切れない

(バイトフ)
He cannot bite off his food.

22_ 食べ物を飲み込まない

(スウァロウ)
He doesn't swallow his food.

♪MP3 17

23_ 食べ物を口から出す

He spits out his food.（スピッツァウト）

24_ お茶わんを床にひっくり返す

He knocks the bowl onto the floor.（ボウル）

25_ 好き嫌いをする

He is a picky eater.（イザ ピッキィ）

26_ テーブルを離れる

He leaves the table.

27_ 床を掃除する

I clean the floor.

28_ 食べて見せる

I show him how to eat.

29_ 食べ物について教える

I teach him about food.（アバウトフード）

tips

23_ spit out ~ は「～（口の中の物）を吐き出す」。

24_ knock ~ onto the floor は「～を床にたたき落とす、ひっくり返す」。

25_ picky eater は「食べ物の好き嫌いが多い人」。pickyは「えり好みする、(味などに)うるさい」という意味。

26_ 「(食事の後や食事中に)席を立つ」は、leave the table(食卓を離れる)という言い方をする。

28_ 「食べるふりをする」はI pretend to eat.と言う。

29_ 「食育」はfood educationと言う。

30_ スープ類をスプーンで飲むときはdrinkではなくeat soupやhave soupと言う。

31_ stab ~ with a fork で「フォークで～を刺す」。

32_ scoop ~ with a spoon で「スプーンで～をすくう」。

33_ chopsticks(箸)は2本で使うものなので複数形で言う。「箸一膳」はa pair of chopsticks。

30_ おつゆを飲む

He eats his soup(スープ).

31_ フォークで刺す

He stabs the food with a(ウィッザ) fork.

32_ スプーンですくう

He scoops(スクープス) the food with a(ウィッザ) spoon.

33_ お箸を使う

He uses chopsticks.

♪MP3 18

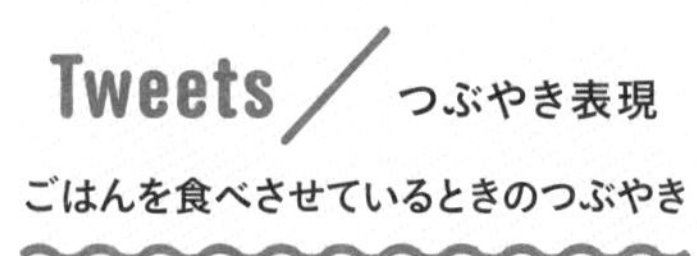

Tweets
つぶやき表現
ごはんを食べさせているときのつぶやき

1

今日の夕飯何にしようかな?

ワッシュダイ

What should I cook for dinner?

cook = 料理を作る
What should I make for dinner?のように makeを使ってもよい。

2

冷蔵庫に昨日の残り物があったはず。

There should still be yesterday's leftovers in the fridge.

(レフトウヴァーズ / フリッジ)

leftovers = 料理の残り物 ／ fridge = 冷蔵庫
fridgeは refrigerator（冷蔵庫）の短縮語。「残り物を使って別の料理を作ろう」は **I'll remake the leftovers into another dish.** と言える。

3

まずは炊飯器をセットしよう。

セタップ

I'll set up the rice cooker first.

set up ~ = ～をセットする ／ rice cooker = 炊飯器 ／ first = 最初に
「ご飯を炊く」は cook some rice。

4

手早く簡単に作れる主菜レシピを検索してみよう。

I'll search for a quick and easy (クィッカンイーズィー) main dish recipe.

search for ~ = ～を検索する／quick and easy = 手早く簡単な／main dish = 主菜／recipe = レシピ
「この料理動画、分かりやすい」は **This cooking video is easy to follow.** と言える。

この前作り置きしたおかずが冷凍庫にある!

The premade (プリメイド) meals I cooked the other day are in the freezer!

premade meal = あらかじめ作っておいた食事やおかず／freezer = 冷凍庫
「作り置きのおかず」は make-ahead mealとも言う。

今日は疲れて料理できないから、冷凍ストックをチンするのでいいか……

I'm too tired to cook today, so I'll just heat up a premade meal ...

too ~ to ... = ～すぎて…できない／heat up = チンする
「電子レンジでチンする」は microwaveとも言える。**You're too hungry to wait? I'll microwave some frozen food to tie you over until dinner time.**
(お腹空きすぎて待てない!? 夕食までおなかがもつように、冷凍食品をチンするね) ※tie ~ over until dinner = 夕食まで～のおなかをもたせる

♪MP3 18

7

嫌いな野菜は味噌汁に忍び込ませよう。

I'll hide the vegetables she hates in the miso soup.

hide = 隠す ／ vegetable = 野菜 ／ hate = 嫌う ／ miso soup = 味噌汁
「出し汁」は broth。「上澄み」は clear upper portion。**I give him just the clear upper portion of the miso soup.**（味噌汁の上澄みだけあげる）。

8

ん？　ちょっとしょっぱかったかなあ？

Hmm? Is this too salty?

too ~ = ～過ぎる ／ salty = 塩辛い
Hmm? は「ん?、あれ?」という間投詞。「甘い」は sweet。**This cake is too sweet.**（このケーキ甘すぎる）

離乳食作りもコツがつかめてきた。

I'm getting the hang (ハンゴヴ) of cooking baby food.

get the hang of ~ = ～のコツをつかむ
日本でベビーフードと言えば主に加工食品を指すが、英語の baby foodには製法の区別はなく、homemade baby food（自家製ベビーフード）、store-bought/packaged baby food（市販のベビーフード）などと言う。

10

大人の食事から少し野菜を取り分けよう。

I'll set aside a few pieces of veggies from the grown-ups' food.

(セタサイダ / ヴェジーズ / グロウンナップス)

set aside ~ = ～を取り分けておく／piece = かけら／grown-up = 大人
veggieは vegetable（野菜）のこと。

11

おなかすいたよね！　すぐできるからね！

I know you're hungry! It'll be ready in a minute!

(イナ)

in a minute = すぐに
「おなかすいたよね！」は I know you're hungry!と言う。子どもが手伝うと言ったら、**Can you place the dishes (chopsticks) on the table?**（お皿［お箸］を並べてくれる？）のように言える。**Could you set the table?** で「食卓を整えてくれる？」という表現。

12

晩ごはんできたよ～。

Dinner is ready.

食事の準備ができたときの決まり文句。**Breakfast (Lunch) is ready.**（朝ごはん［昼ごはん］できたよ）

13

テーブルに着いて。

スィッタッザ

Come sit at the table.

sit at the table = 食卓に着く
Come sit.は **Come and sit.**（こちらに来て座りなさい）の andを省略した表現。「テーブルに着いて」は **Sit down at the table.** とも言える。

まだ熱いよ！　冷めるまで待とうね。

It's still hot! Let's wait until it cools down.

hot = 熱い・辛い ／ until ~ = 〜するまで ／ cool [down] = 冷める
「熱い」も「辛い」も hotと言う。burn one's mouthは、「口の中をやけどする」と「（香辛料などで）口の中が燃える」の二つの意味がある。「これは子どもには辛すぎる」は **This is too hot for a child.**と言う。

いただきます。

レッツィーット

Let's eat.

「召し上がれ」は「ガツガツ食べ始める」を意味する dig inを使って、**Let's dig in.** や、**Dig in before it gets cold.**（冷めないうちに召し上がれ）などと言う。フランス語由来の、Bon appétit.［ボナペティート］と言ってもよい。

16

おいしい?

ヤミィ

Is it yummy?

yummy = おいしい

yummyはカジュアルな表現で、「おいしい」は他にも **It's tasty.**や **It's delicious.**、**It's so good!** などの言い方がある。「これ好き?」は **Do you like this?** 。「これ、好きなんだねえ」は **You like this, don't you?**と言う。

17

豆腐食べる?

ワンサム

Do you want some tofu?

Do you want some ~ ? = ~が食べたい?

Do you want some? だけで、「食べる?」という意味の定番表現になっている。

18

ちゃんとモグモグしてね。

ナュウ　イッ

Chew it well.

chew = ~をかむ / well = 上手に、よく

「~(食べ物)をのどに詰まらせる」は choke on ~と言う。**You don't want to choke on your food.**(食べ物をのどに詰まらせたくないよね)

19

モグモグしてる顔、かわいい♪

ワッチンギュー　マンチョンニュア

I love watching you munch on your food!

love -ing = 〜するのが大好きである／munch on ~ = 〜をモグモグ食べる
「食べてるとこ見るの大好き」なら **I love watching you eat.**。「君が楽しんでるのを見るのが好きなんだ」は **I love watching you have fun.**。

まだ酸っぱいものはベーするか。

プッシィーズアウッ　サワー　タング

I see he still pushes out sour-tasting food with his tongue.

push out ~ with one's tongue = 舌で食べ物を押し出す／ sour-tasting = 酸っぱい味の
I seeは「ふむふむ、なるほど」というニュアンスを出している。「甘い味の」はsweet-tasting、「苦い味の」は bitter-tasting、「淡白な味の」は bland-tastingと言う。

野菜の切り方、大きかったかな。

カッザ

Maybe I've cut the vegetables too big.

maybe = もしかすると／cut = 切る
I've ＝ I have。「形のある食べ物はまだ苦手みたい」は lumpy（かたまりのある）を使って、**He's still not used to lumpy food.** と言える。

22

これは何だろうね?

ワッドゥー　ズィスィズ

What do you think this is?

いろんな食材が食べられるようになるにつれ、このようなクイズ形式で食材に興味を持たせるやり方もある。**Guess what this is.**（これなんだか当ててごらん）と聞いてもよい。

23

これはにんじんって言うんだよ。

コールダ

This is called a carrot.

be called ~ = ～と呼ばれている
実物を見せながら食べ物の名前を教えるときのフレーズ。「ほら、これが絵本で見たかぶだよ」は、**Look, this is a turnip – just like the one we saw in the picture book.**。

24

お豆食べると元気になるよ。

イーティンビーンズ　ギヴュー　エナジー

Eating beans will give you energy.

bean = 豆／energy = 元気、活力
食べ物が体に与える影響について話してあげるのもよい。**They say that eating fish will make you smarter.**（お魚食べたら頭が良くなるらしいよ） **It will make your body stronger.**（身体を強くしてくれるんだよ）

25

分かるよ。パパもちっちゃいころ、ピーマン苦手だった。

ディドゥン　ウェナイ　イーザー

I know. I didn't like green peppers when I was little either.

green pepper = ピーマン
eitherは否定文の最後に付けて、「〜もまた…ない」という意味になる。**I didn't eat much when I was little either.**（私も小さいころ、あまり食べなかった）

またバナナ？　うちの子、バナナだけで生きている…。

リヴゾン

You want another banana? My child lives on bananas ...

live on ~ = 〜（特定の食べ物だけ）を食べて生きている
「偏食」は「好き嫌い」と同じ、pickyを使って、picky eaterと言う。

もうおなかいっぱい？

フル

Are you full already?

full = おなかがいっぱいの、満腹の ／ already = もう、すでに
「おやつもほとんど食べてないのにな」はsnackを動詞「おやつを食べる」として使って、**He hasn't snacked much either.** と言える。

28

食が細くて心配……。

He's such(サッチャ) a light eater. I'm worried.

light eater = 食の細い人
eaterは「食べる人」で、形容詞や名詞と組み合わせて、さまざまな使い方ができる。「食が細い」は **He eats so little.**（少ししか食べない）と言うこともできる。「食欲がある」は have an appetiteと言う。**You have a hearty appetite.**で「食欲旺盛だね」という表現。heartyは「旺盛な」。

29

見て見て、ママも食べてるよ。

Look, Mommy's eating, too.

大人がおいしそうに食べていると、子どもも手を伸ばすこともある。食べている人においしいと言わせる「おいしいよね～？」は **It's yummy, isn't it?**。

30

まあ栄養取れてればいいか。

Well, as long as(ロンガズ) he's getting some(ゲティンサム) nutrients(ニュ トゥリエンツ), I'm happy.

as long as ~ = ～でさえあれば、～であるならば ／ nutrient = 栄養素
As long as he is gaining weight and growing, he's doing fine. で、「体重も増えて成長してさえいれば、順調だ」という意味。

31

いつかもっと食べられるようになるよね。

He'll be eating more one day.

one day = いつか
will be -ingは未来進行形で、未来のある時点の様子を表すことができる。He'll be eating more one day. は直訳すると「いつかは、もっと食べているようになる」。

ハンバーグ好きじゃなくなったの?

You don't like hamburger steaks（ステイクス） anymore?

hamburger steak = ハンバーグ ／ anymore = 今では
英語でhamburgerは、パンにハンバーグが挟まった「ハンバーガー」を指す。日本の「ハンバーグ」を言いたいときは、hamburger steak（ハンバーガーのステーキ）や、hamburger patty（ハンバーガーのパティ）などと言う。

33

食べ物は遊ぶものじゃないよ。食べるためのものだよ。

Food is not for（ナッフォー） playing with. It's for eating.

Don't play with your food.（食べ物で遊ぶのはやめなさい）と言ってもよいが、No や Don't ばかりだと注意をする方も嫌になってくる。そんなときは、Food is for eating.（食べ物は、食べるためにあるんだよ）と諭して、自分でどうするべきか、考えさせる言い方をしてみてもよい。「おもちゃは投げるものじゃないよ。遊ぶためのものだよ」は **Toys are not for throwing. They are for playing with.** と言う。

ちゃんとお座りしてね。

スィッダウン

Sit down, please.

子どもに何かをするように促すときは、ただ命令するだけではなく please を付け加えると、言葉遣いが丁寧になるので子どもも聞き入れやすくなる。

35

食べながら寝てる……。

フォーリンガスリープ

He's falling asleep while eating....

fall asleep = 眠りに落ちる
「遊びながら寝てる」は、**He's falling asleep while playing.** と言う。

36

服がごはんだらけだけど、まあいっか。

His clothes are covered with food, but that's OK.

covered with ~ = ～で覆われている、～まみれの／**that's OK** = それでもいい、構わない
「スタイのポケットに一食分入ってる」は**There's a meal for one in the pocket of the bib.**。「一食分」は a meal for one。

♪MP3 18

37

手がベタベタだね。拭こうか。

ハンザー　スティッキィ
Your hands are sticky.
ワイプゼム
Let's wipe them.

sticky = ベタベタする ／ wipe = ～を拭く
stickyは「粘着性のある、ネバネバする」という意味で、食べ物にも使う。**You should brush your teeth after eating sticky snacks like raisins.**（干しぶどうみたいに歯にくっつくおやつを食べた後は、歯を磨いた方がいいよ）

おかわり?

ワンサンモア
Do you want some more?

「もう少しほしい?」と言うときの定番表現。勧めるときには、**Have some more.**（もう少しどうぞ）、おかわりしたいときは、**Can I have some more?**（もう少しちょうだい）などと言う。何かねだられて仕方なく応じるときには、**You want more cherry tomatoes? Oh, all right.**（もっとプチトマトが欲しいの? 仕方ないなあ）などと言える。Oh, all right.は「しょうがないなあ、分かったよ」というニュアンスで応じるときの言葉。

おー、よく食べてるねえ。

イーティン
Wow, you're eating so well.

You're such a good eater. と言ってもよい（p. 123 つぶやき28参照）。

40

牛乳とお茶、どっちがいい？

Do you want milk or tea?

ワン | ミルコアティー |

子どもに語り掛けるのなら、Milk or tea? だけでもよい。「ミルクはこれぐらいにしておこうね」は **That's enough milk for now.**。「食べ終わったらもっとあげるからね」は **You can have some more when you finish eating.** と言う。

41

しっかり持って。

Hold this tight.

タイト

hold ~ tight = ～をしっかり持つ
「すべり止め付きの赤ちゃん用食器」は non-slip baby feeding tableware や slip-resistant tableware などと呼ぶ。

42

だいぶ料理の腕が上がったな。

I'm getting really good at cooking.

| グダックッキン |

get good at ~ = ～が上達する
比較級を使って、**I'm getting better at cooking.**（料理が上手くなってきた）とすると、あまりできなかったことが、上手くなってきたというニュアンスが含まれる。I'm getting really good at cooking. は、もともと上手かったがますます腕を上げたと言っている。

♪MP3 18

半分こしよう。あー、おいしい!

Let's share it. Mmm, yummy!
(シェアイット)

share =（食べ物などを）分ける、分割する
share a meal で「(人と) 食事をする」という表現になる。**Sharing a meal with family and friends is fun.**（家族や友達と食事をするのは楽しい）

みんなで食べるとおいしいね。

It tastes even better when we eat together.
(イッテイスツ / イーットゥギャザー)

taste better = よりおいしい cf. betterは goodの比較級 ／ **even =** 一層
taste even better で「より一層おいしくなる」という表現になる。

ごちそうさま?

Are you done?
(ダン)

Are you done? は「終わったの？」と聞いている。**Have you finished?**（食べ終わったの?）とも言える。「もう食べ切ったの！?」は **You've finished already?**と言う。

46

あと一口。パクって食べちゃって。

バイト　アヘッダン
Just one more bite. Go ahead and finish it up.
フィニッシタップ

bite = 一口／go ahead = さあどうぞ／finish ~ up = ～を平らげる
Go ahead and ~ は「さあ～していいよ」と誰かに何かするよう促す表現。

47

完食！　よくできました！

プレイティズ　グッジョーブ
Your plate is clean! Good job!

Good job! は「よくできました！、よく頑張ったね！」と褒める言葉。

48

完食してくれるとほんとうれしいな。

イーツィットーッラップ
I'm so happy when he eats it all up.

eat it all up = 全部きれいに食べる
finish ~ up と同様、eat up も「(食べ物を) 残さず食べる、ぺろりと食べる」という意味。up が付くことできれいに食べ切ったことが強調される。

CLOSE UP!

❶
これはにんじんって言うんだよ。

This is called a carrot.

入れ替え例

a potato	an onion	a tomato
じゃがいも	たまねぎ	トマト
a cucumber	a pumpkin	an eggplant
きゅうり	かぼちゃ	なす

例文

This is called a tomato. Tomatoes grow in summer.
これはトマトって言うんだよ。夏の野菜だよ。

This is called a pumpkin. Pumpkins have seeds.
これはかぼちゃって言うんだよ。種があるんだよ。

seedは「種」という意味。

入れ替え表現

❷
おかわり[ほしい]?

Do you want some more?

seconds おかわり	**another one** もうひとつ	**a bite** ひと口
anything else ほかに何か	**some dessert** デザート	**something to drink** 何か飲み物

例文

Do you want a bite of this hamburger?
このハンバーガーひと口ほしい?

You've finished your meal. Do you want something to drink?
食事終わったんだ。何か飲み物ほしい?

Skit ／ 会話

Chapter4で学習した表現を会話で使ってみよう

❶ 試行錯誤の離乳食

Dad：All right, Tom, let's put your bib on and eat.

Mom：Hmm? He just spit out his food. I didn't add a lot of salt, but maybe it was too salty for him.

Dad：Do you like this? This is called yogurt. Oh, I see he still pushes out sour-tasting food with his tongue.

Mom：You want a banana again? My child lives on bananas ...

Dad：As long as[1] he's eating something, even if[2] it's just his favorite food, that's good enough[3] for now.

Mom：I guess[4] you're right. He'll be eating more one day. I love watching you munch on your food! I love these chubby cheeks.

Dad：Wow, you're eating a lot ... of bananas.

パパ：はい、トムもエプロンしてご飯にしようね。

ママ：あれ、口から出しちゃった。薄味にしたつもりだけど、ちょっとしょっぱかったかな？

パパ：これ好き？　ヨーグルトっていうんだよ。あらら、まだすっぱいものはべーするか。

ママ：またバナナ？　うちの子、バナナだけで生きているような…。

パパ：今は好きなものだけでも、食べてくれたらいいよ。

ママ：そうね。いつかもっと食べられるようになるよね。モグモグしてる顔かわいい！　このほっぺがたまらんわ。

パパ：おー、よく食べてるねえ…バナナを。

【語注】

❶ As long as ~：～さえすれば

❷ even if ~：たとえ～だとしても

❸ good enough：十分によい

❹ guess：…だと思う

② 好き嫌いは直る？

Mom：I've already set up the rice cooker. Now, what should I cook for dinner? There should still be yesterday's leftovers in the fridge and some premade meals in the freezer.

Sophie：Mommy, I'm hungry! Can I have something to eat?

Mom：Dinner will be ready in a minute, so can you wait just a bit longer? I'll quickly remake the leftovers into another dish.

(Dinner is ready.)

Mom：Dinner's ready! Come sit at the table. The soup is still too hot! Let's wait until it cools a little. Uh-oh, you just pushed away❶ the green peppers.

Sophie：They taste❷ bitter.

Mom：I know. I didn't like green peppers when I was little either. But look, I'm eating them now.

Sophie：I'll eat them when I grow up, too.

ママ：炊飯器はセットしてある、と。さて、今日の夕飯は何にしようかな？　冷蔵庫に昨日の残り物と、冷蔵庫には作り置きのおかずがあるはず。

ソフィー：ママ～おなかすいた～！　何か食べていい？

ママ：すぐできるからもうちょっと待ってて～！　残り物を使って、ちゃっちゃっと別の料理を作ろう。

（晩ご飯完成）

ママ：晩ご飯できたよ～！　テーブルに着いて！　スープはまだ熱いよ！　冷めるまでちょっと待ってね。あっ、ピーマン除けたな。

ソフィー：苦いんだもん。

ママ：分かるよ、ママもちっちゃいころ、ピーマン苦手だった。でも見て見て、今は食べてるよ。

ソフィー：私も大人になったら食べるね。

【語注】

❶ push away：押しのける、避ける

❷ taste ~：～の味がする

Quick Check / Chapter4に出てきたフレーズの復習

以下の日本語の意味になるよう英文を完成させてください。答えはページの下にあります。

❶食材を宅配してもらう ➡P108
I have the (　　　) delivered.

❷割れないお皿を使う ➡P110
I use (　　　) plates.

❸食べさせる ➡P111
I (　　　) him.

❹食べ物を飲み込まない ➡P111
He doesn't (　　　) his food.

❺おつゆを飲む ➡P113
He (　　　) his soup.

❻冷蔵庫に昨日の残り物があったはず。 ➡P114
There should still be yesterday's (　　　) in the (　　　).

❼この前作り置きしたおかずが冷凍庫にある! ➡P115
The (　　　) meals I cooked the other day are in the (　　　)!

❽離乳食作りもコツがつかめてきた。 ➡P116
I'm (　　　) the (　　　) of cooking baby food.

❾ちゃんとモグモグしてね。 ➡P119
(　　　) it (　　　).

❿あと一口。　パクって食べちゃって。 ➡P128
Just one more (　　　). Go ahead and (　　　) it up.

❶groceries
❷nonbreakable
❸feed
❹swallow
❺eats
❻leftovers/fridge
❼premade/freezer
❽getting/hang
❾Chew/well
❿bite/finish

Chapter 5

Communication
／親子のコミュニケーション

最近急に頑固になった?
こだわりが強くて、かんしゃく持ち?
私って厳しすぎ?　甘やかし過ぎ?
育児の悩みは尽きないけれど、
向き合って、受け止めて、抱きしめる。
そうしたら、自分も子どもも
なんだか笑顔が増えてきたかも。

♪MP3
21

Words／単語編

このChapterに関連する単語を覚えよう!

❶ cheeky
❷ curious
❸ mischief
❹ forgive
❺ disciplining
❻ get jealous
❼ "No" stage
❽ feelings
❾ stubborn
❿ tantrum
⓫ happy
⓬ calm him down
⓭ sympathize
⓮ worry
⓯ hug
⓰ terrible twos

⑰ まねする
⑱ 笑顔
⑲ 外向的だ
⑳ 自信
㉑ 元気いっぱいだ
㉒ 慎重だ
㉓ 時間をかける
㉔ 愛情
㉕ 大笑いする
㉖ なでる
㉗ 褒める
㉘ 優しい
㉙ 思いやりがある

⑰ imitate
⑱ smile
⑲ outgoing
⑳ confidence
㉑ energetic
㉒ cautious
㉓ take one's time
㉔ affection
㉕ laugh out loud
㉖ pat
㉗ praise
㉘ kind
㉙ caring

♪MP3 22

Behavior / 動作表現

親子の交流に関する動作を英語で言ってみよう!

1_いたずらする

ゲッツィントゥ　ミスチフ
She gets into mischief.

2_生意気なことを言う

セッズ
She says something cheeky.

3_イヤイヤ期に入る

She enters the "No" stage.

4_赤ちゃんに焼きもちを焼く

ジェラソブ
She gets jealous of the baby.

5_赤ちゃん返りをする

アクティンライカ
She starts acting like a baby.

6_こだわる

She tries to have her own way.

tips

1_mischiefは「(悪意はないが人に迷惑を掛ける)いたずら、悪さ」のこと。幼児の「いたずら」は悪意がなく不可抗力の場合もあるので、動詞はget into ~(～になる、巻き込まれる)を使う。

2_cheekyは「生意気な」だが、「ちゃっかりとした」憎めない生意気さを表す。「無礼な、生意気な」はrude。

3_「イヤイヤ期」はthe "No" stageや、the "No" phaseと言う。

4_jealousは「焼きもち焼きの」。get jealous of ~で「～に焼きもちを焼く」。

5_act like a babyは「赤ちゃんのように振る舞う」。「赤ちゃん返り」はtoddler regressionとも言う。

6_try to have one's own wayは「自分のやり方を通そうとする」。

7 _ listen to ~ は「～（人の言うこと）を聞く、～（要求・忠告）に従う」。

9 _ throw a tantrum は「かんしゃくを起こす」。throw a fit も同じ。

10 _ try to ~ は「～しようとする」。calm ~ downは「～を落ち着かせる、なだめる」。

11 _ distract は「～の気をそらす、注意をそらす」。

7 _ 言うことを聞かない

ダズントリッスン

She doesn't listen to me.

8 _ 強情になる

スタバーン

She becomes stubborn.

9 _ かんしゃくを起こす

スロウザ　タントゥラム

She throws a tantrum.

10 _ なだめる

カーム

I try to calm her down.

11 _ 気をそらす

ディストゥラクト

I distract her.

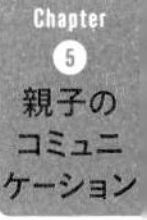

♪MP3 22

12_ 落ち着くまで待ってあげる

I wait for her to calm down.

13_ 話を聞いてあげる

I listen to her.

14_ 子どもの視点に立ってみる

I try to see things from her point of view.
（ポイントォヴュー）

15_ 子どもの目の高さまでかがむ

I get down to her eye level.
（ゲッダウン / レヴェル）

tips

13_ このlisten to ~ は「～(人が言うこと)に耳を傾ける、～を聞く」。

14_ ~'s point of view は「～の視点」。

15_ get down は「かがむ」。eye level は「目の高さ」。

16_ look ~ in the eye は「～の目を見る」。

18_ sympathize with ~ は「～に共感する、同情する」。

19_「謝罪する」は apologizeとも言う。

21_「膝に乗る、膝枕をする」の膝はlap。「膝小僧」の「膝」はknee。

22_ I hold her in my arms. で「両腕で抱きしめる」と言うこともできる。

16_ 目を見て話す

I look her in the eye
ウェナイ　トーットゥー
when I talk to her.

17_ 気持ちを理解しようとする

I try to understand her feelings.

18_ 共感する

スィンパサイズ
I sympathize with her.

19_ 謝る

She says sorry.

20_ 許してあげる

フォギヴ
I forgive her.

21_ 膝に座らせる

I have her sit on my lap.

22_ 抱きしめる

ハグ
I hug her.

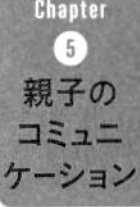

♪MP3 22

23_ 頭を（ポンポンと）なでる

I gently pat her head.

24_ 心配しなくていいと言う

ナットゥー

I tell her not to worry.

25_ 行儀よくする

ビヘイヴズ

She behaves.

26_ 思いやりがある

ケアリング

She is caring.

27_ 慎重だ

コウシャス

She is cautious.

28_ 外向的だ

アウッゴウイング

She is outgoing.

29_ 元気いっぱいだ

エナジェティック

She is energetic.

tips

23_ gentlyは「優しく」。patは「（手のひらなどで）軽くたたく、なでる」。pat one's headで「～の頭をよしよし、ぽんぽんする」という意味。

24_ tell ~ not to ...は「～に…しないように言う」。

25_ behaveは「（子どもが）行儀よくする」。behave oneselfも同じ意味。well-behavedは「行儀がいい、しつけのよい」という意味の形容詞。

26_ caringは「思いやりのある」。「～に優しい」はgentle with ~やkind to ~と言う。

28_ 誰とでもすぐ仲良くなれる、積極性を持った子のことを、an outgoing childと言う。逆に「内向的な、内気な」はshy。

29_ energeticは「活気に満ちた、エネルギッシュな」。

30_ laugh out loudは「大笑いをする、声を出して笑う」。ちなみにインターネットの略語、lol(大笑い)は、この頭文字をとっている。

32_ boost ~'s confidenceは「～に自信をつけさせる」。「自尊心」はself-esteemと言う。
33_ love ~ for who she isは「ありのままの～(彼女)を愛する」。

30_ 大笑いする

ラフサウト
She laughs out loud.

31_ 褒める

プレイズ
I praise her.

32_ 自信をつけさせる

ブースト　カンフィデンス
I boost her confidence.

33_ ありのままの子どもを愛する

I love my child for who she is.

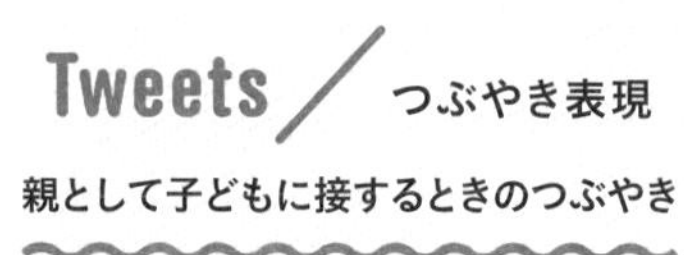

親として子どもに接するときのつぶやき

1

何かやらかしてるな。

シーザッップトゥー

I know she's up to something.

up to ~ = ～をたくらんで
up to somethingで「何かたくらんで」。子どもが妙に静かなとき、親のレーダーで「何かやらかしている」と気付くもの。

2

見て、あの笑顔!

ルッカッザッ

Oh, just look at that smile!

いたずらして楽しそうな笑顔がかわいいときや、単に笑顔がかわいいときも使えるフレーズ。何かをたくらんでいそうな「いたずらっぽい（生意気な）笑顔」は cheeky grinと言う。grin は「にやっとした笑い」。
Who can say no to that? で「誰が（あの笑顔に）ダメって言えるの?」という表現。

3

何してるの?

ワダァユー

What are you doing?

ただ何か作業しているときにも使える声掛け。何かをたくらんでいそうなときは、up toを使って、**What are you up to?** と聞くこともできる。

うわー。危ないからやめようか。

Oh, dear(ディアー).
Let’s not do that(ナッドゥーザッ). It’s dangerous(デインジャラス).

Oh, dear. =あら、まあ、なんてこと
興奮させたくないときに「やめようか」と言うのに Let’s not do that.を使う。もっとビシっと言いたいときは、命令口調で **Stop it.**（やめなさい）と言う。

5

好奇心旺盛ってことにしよう。

Let’s just say she is a curious(キューリアス) child.

Let’s just say ~ = ～ということにしておこう、とりあえず～とだけ言っておこう／**curious =** 好奇心旺盛な
Let’s just say that she is exploring her world. で「自分の世界を探索してるってことにしよう」。

6

行動に気を付けよう。まねするから。

We have to be careful what we(ワッウィー) do.
She imitates us(イミテイツァス).

have to ~ = ～しないといけない／**careful =** 気を付けて／**imitate =** ～を模倣する、～にならう
「言葉遣いに気を付けよう。言ったことをまねするから」は **I have to watch my mouth. She repeats what I say.** と言う。watch one’s mouth で「物の言い方に注意する」。

♪MP3 23

それは買わないよ。

ナッバイング
We're not buying that.

「しまった、おもちゃコーナーだ」は **Oh, no, it's the toy aisle.** と言う。aisleは「(スーパーやお店の) 通路」で、発音は［アイル］。

8

おねだりしてもだめだよ。

ユース　ペスタリング　アバウティット
It's no use pestering me about it.

It is no use -ing = ～しても無駄である／pester = ～にしつこくせがむ
nag (～にうるさく言う)も同じ意味。**She keeps nagging me to buy her a toy.** (おもちゃを買ってとしつこく言い続ける)

あ、かんしゃく起こしそう。

アバウットゥー
Uh-oh, she's about to throw a tantrum.

uh-oh = あれっ、ヤバイ（間投詞）／be about to ~ = まさに～しようとしている／throw a tantrum = かんしゃくを起こす
「あ、寝そう」なら **Uh-oh, she's about to fall asleep.**。

10

駄々をこねても聞き入れるわけにはいかない。

I can't give in to her tantrums(タントラムズ).

give in = 屈する、負ける ／ tantrum = かんしゃく、駄々
「親として」と付け加えるなら、as a parentを文の前か後に付ける。

あ、あれは何のお花だろうね?

Oh, what's that(ザッ) flower?

言い聞かせてもまだ分からない子どもには、気をそらしてあげるのもよい。Oh, what's that ~? は、何かに注意を向けるための表現として使える。

12

これが噂の「魔の2歳児」なんだ。

So this is the so-called terrible(テリブル) twos.

so-called = いわゆる ／ terrible twos = 魔の2歳（児）、反抗期
「反抗的になる」は **She becomes rebellious.**と言う。rebelliousは「反抗的な」。
「何を言ってもイヤと言う」は **She says no to everything.**。

♪MP3 23

13

今はいけないよ。

ノッナウ

Not now, please.

not now は「今はだめ」。子どもが公共の場でわがままを言ったり、大人の会話に割って入ろうとしたりするときに使う。please を付けると、表現を少し和らげることができる。

それはよくないよ。

ナッナイス

That's not nice.

nice には「優しい、親切な」や「行儀のよい、上品な」などいくつかの意味がある。That's not nice.は、やってほしくない行動を注意するときに使う表現。「お行儀悪いよ」は **That's bad manners.** や **That's naughty.**。「失礼だよ」は **That's rude.** と言う。

15

いい加減にしなさい。

ウォーニンギュー

I'm warning you.

warn = 警告する
「これ以上続けると叱られるって分かってるよね」と警告を出したいときに使う。

16

思い出して、約束したよね?

トークタバウト

Remember we talked about this?

remember ~ = ～を思い出す／talk about ~ = ～について話す
Remember ~?は命令形ではなく、「思い出してくれる? 覚えているよね?」とすでに知っているはずの情報を確認するために、会話でよく使われる表現。**Remember you promised you wouldn't hit anyone?**（誰も叩かないって約束したの、覚えてるよね?）「約束したよ」は **You promised.** でもいいが、事前にどういう行動をとるか言い聞かせてあった、という程度なら、**We talked about this.** でよい。

17

落ち着いて。そしたらお話聞けるよ。

アンダースタンデュー

Calm down.
Then I can understand you.

calm down = 落ち着く、頭を冷やす／then = そうしたら／understand = 理解する、分かる
興奮した子どもが何を言っているのか分からないとき、落ち着いて話してくれたら分かってあげられるよ、と語り掛けるための表現。

18

ちゃんと自分の口で言おうね。

Tell me in your own words.

in one's own words = 自分自身の言葉で
もう話すことができる子どもが、感情を爆発させているとき、このように語り掛けてあげれば大きい子として扱っていることが伝わる。**What do you think you should do?**（どうしたらいいと思う?）と自分で解決方法を考えるように声を掛けてもよい。

♪MP3 23

19

厳しくしすぎたかな？

Was I being too tough?

タフ

be being ~ =（一時的に）～だ／tough = 厳格な
be beingを使うと、「一時的に厳しくしすぎた」という表現になる。 tough parentで「厳しい親」。ほかに strict parent（しつけの厳しい親）という言い方もできる。「甘やかしすぎたかな？」は **Was I being too soft?**。softは「情に流される、ほだされる」という意味で、soft parent で「甘い親」。

20

子どものしつけって難しいな。

Disciplining your child can be challenging.

ディシプリニング

discipline = しつける／challenging = 能力が試される、難解だが興味をそそる
ここで my child（私の子ども）ではなく、your childと言うのは、総称的に一般の「人」を指して、広く「自分の子どものしつけは難しいものだ」と言っているため。「難しい」は difficultでもいいが、「困難だけどやりがいがある」と言いたいときに challenging を使う。

21

こういう時期なだけだよね。

It's just a stage she is going through.

ジャスタステイジ　スルゥ

stage =（発達の）段階／go through ~ = ～を通過する
この justは「ただの、単なる」という意味で、成長の証だから深刻になる必要はないよね、というニュアンスを出している。**He is going through a rebellious stage.**（反抗期真っただ中だ）

22

言うことを聞けて、偉かったね。

リッスントゥー　ワタイ

You listened to what I said. Good job.

listen to ~ = ～（人が言うこと）に耳を傾ける、～を聞く／what I said = 私が言ったこと
Good job.は「よくできたね」と褒める言葉。

23

ごめんねって言えて偉かったね。

セッドソウリー

You said sorry. Well done.

強情を張った末に、sorry（ごめんね）が言えたら、Well done.（よくできたね、偉かったね）と褒めてあげたい。少し厳しくしすぎたかな、と思えば、**I'm sorry, too.**（こちらもごめんね）と言うと、子どももほっとするかもしれない。「ありがとうって言えたね」は **You said thank you.**と言える。

24

大丈夫、疲れてたのね。

イッツォウケイ　ワーンチュー

It's OK. You were tired, weren't you?

子どもが謝ってきたら、It's OK.（いいよ、大丈夫だよ）と答える。You were tired, weren't you? は、「疲れてたんだよね」と子どもにも理由があったことを分かっていると伝える表現。

25

分かってるよ、わざとじゃないよね。

You didn’t mean to do it, I know.

mean to ~ = 故意に～する
on purpose（わざと）を使って言うこともできる。**You didn’t do it on purpose.** で「わざとやったんじゃないよね」。I know. は「分かってるよ」。

26

よしよし、泣かないで～。

ドウンクライ
There, there, don’t cry.

there, there = よしよし
「こっちにおいで」は **Come over here.**。「お膝に座って」は **Come sit on my lap.**と言う。

嫌だったね、うん、うん。

ライキット
You didn’t like it, I know, I know.

子どもが誰かにされた行動で不機嫌になったり泣いたりしているときに使えるフレーズ。You didn’t like it.（嫌だったね）と共感してもらえるだけで、子どもが落ち着くこともある。

28

大丈夫、大丈夫。

エヴリスィンギズゴウイントゥービー

Everything is going to be all right.

Everything is going to be all right. は、誰かが心配したり、不安になったりしているときに「全てがうまくいく、大丈夫」という定番表現。子どもがお味噌汁をこぼして「やっちゃった！」という顔をしているときの「大丈夫、気にしないで」は、簡単に **It's OK. Don't worry about it.** でよい。

29

ぎゅーして!

ギブミー

Give me a hug!

hug = 抱擁、抱きしめること
子どもに「ぎゅーする?」と聞くときは **Do you want a hug?** と言う。**I could use a hug.** で「(気持ちが落ち込んでいるから) ハグしてほしい」という表現。I could use ~ は「(私が) ～を必要としている、～がほしい、～をもらえるとありがたい」という意味。

30

仲直りできたかな？　よかった。

グーッド

Are we OK? Good.

Are we OK? は、ケンカの後に、「私たちの仲は変わらないよね、わだかまりはないよね」と聞くときの表現。

31

子どもの笑顔を見ると悩みも吹き飛ぶわ。

Seeing her smile makes my worries go away.

make ~ go away = ~を消し去る、追い払う ／ worry = 悩み
seeing her smile（彼女のほほ笑みを見ること）が、文の主語になっている。「痛みを消し去る」は make the pain go awayと言う。

とってもいい笑顔だよ。

ラヴュア

I love your smile.

love = ～を好む
loveは「愛している」以外に、**I love your outfit.**（その格好おしゃれだね）のように、何かが「好みである、すてきだと思っている」と言いたいときにも使える。

頭をなでなでしてくれるの？　ありがとう。

You're patting me on the head? Thank you.

pat ~ on the head = ～の頭をなでる
よその子どもの「頭をなでる」行為は、しばしば「無礼」と受け止められるため、注意が必要。pat ~ on the backは「（愛情表現として）～の背中を軽く叩く」という意味で、a pat on the backというフレーズ自体が「称賛、褒め言葉」という意味になる。deserve（～にふさわしい）を使った **You deserve a pat on the back.**（よくやったよ！）という褒め言葉がある。

今の優しかったね。

That was very kind of you.

カインドヴュー

kind = 優しい
子どもが親切なことをしたら、その行為を褒めてあげたい。That was ~ of you. は「今の言動は～だった」。「優しい、思いやりのある」は sweetとも言う。**That was so sweet of you.**（今のはとっても優しかったね）

子どもって素直に愛情表現するんだなあ。

Children show affection spontaneously.

スポンテイニアスリィ

show affection = 親愛の情を示す ／ spontaneously =（外的な強制でなく）自発的に、自然に
「娘が自分から弟を抱きしめた」は **My daughter spontaneously gave her little brother a hug.** と言う。

36

なんか感動しちゃう。

It's quite touching.

タッチング

quite = 結構 ／ touching = 感動的な
「感動する」は **I'm touched/moved.**とも言う。

♪MP3 23

慎重なのはいいことだよ。安全だ、ってことだから。

It's good that you're a bit cautious (コウシャス). It means you'll be safe.

a bit = 少し ／ cautious = 注意深い ／ mean = ~を意味する
性格など、子どもが持って生まれた特性を肯定したいときに、It's good [that] you're ~と言うことができる。**It's good you're a bit loud. It means you're energetic.**（声が大き目なのはいいことだよ。元気いっぱいってことなんだから）

ゆっくりやっていいんだよ。

You can take your (テイキュア) time.

take one's time = ゆっくりやる、マイペースでやる
You can take as much time as you want.で「好きなだけ時間をかけて」という表現になる。

君ならできるよ。

You can do it (ドゥーイッ).

You can do it.（あなたならできる）は、人を応援するときの定番表現。「助けがいるときは言ってね」は **I'm here if you need any help.**。

40

いつもご機嫌だね。

You're always happy.

happyには「幸福な、幸せな」以外に「満足な、機嫌のよい」という意味もあり、a happy childは「幸せな子ども」だけではなく「(駄々をこねたり、すねたりしない)機嫌のいい子」という意味でも使われる。

みんなを笑わせてくれる。

You make（メイカス） us all laugh.

make ~ laugh = ～（人）を笑わせる
You make us all laugh out loud. で「みんなを大笑いさせる」。「パッと場を明るくしてくれるね」は **You light up the room.** と言う。

ありのままのあなたが大好きだよ。

I love you just the way you are.

just the way you are = ありのままのあなた
しつけは大事だし、いろいろ注意もするけれど、「そのままのあなたが大好きだよ」と子どもに伝えたいときに使うフレーズ。

CLOSE UP!

1
おねだりしてもだめだよ。

It's no use pestering me about it.

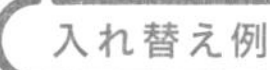

crying 泣いても、嘆いても	**thinking** 考えても	**obsessing** くよくよ気にしても
worrying 心配しても	**complaining** 文句を言っても	**whining** 泣き言を言っても

例文

It's no use crying over spilled milk.
こぼしてしまったミルクを嘆いても仕方ない（済んだことは仕方ない）よ。

It's no use obsessing about it. Let's move on.
いつまでもくよくよ気にしても仕方ないよ。前に進もう。

It's no use -ingは「～しても無駄である、～しても仕方がない」という意味。It's no use crying over spilled milk.は「取り返しのつかないことを悔やむ」という意味のことわざで、「後悔先に立たず」や「覆水盆に返らず」などと訳される。

入れ替え表現

♪MP3 24

2

今の優しかったね。

That was very kind of you.

nice	sweet	thoughtful
親切だった	優しかった	思いやりがあった
considerate	**brave**	**mature**
気遣いがあった	勇気があった	大人っぽかった

例文

You stood up for your baby brother? That was very brave of you.

弟をかばったの？　とても勇気があったね。

That was very mature of you to be the first one to apologize.

最初にごめんなさいって言えて、大人っぽかったよ。

stand up for ~ で「～を守る、擁護する」。be the first one to ~ で「～する最初の人になる」。

♪MP3 25

Skit ／ 会話

Chapter5で学習した表現を会話で使ってみよう

❶ 尽きない育児の悩み

Friend : How do Tom and Sophie get along❶?

Mom : Sophie **gets jealous of** Tom.

Friend : It's the same with❷ Millie and Harry. Millie is **starting to act like a baby.**

Mom : Well, Sophie has been **throwing tantrums** lately❸.

Friend : Maybe **it's just a stage they're going through.**

Mom : Yes, I'm sure❹ it is. But I sometimes think, "**Was I being too tough** just now?"

Friend : I'm always thinking that. Either that or❺ "Was I too soft?"

Mom : Oh, well, nobody❻'s perfect.

ママ友：トムとソフィーは仲良くやってる?

ママ：ソフィーは、トムに焼きもちを焼いてるわ。

ママ友：（うちの）ミリーとハリーも一緒よ。ミリーは、赤ちゃん返りをしているもの。

ママ：なんかね、ソフィーはときどきかんしゃくを起こすの。

ママ友：ま、そういう時期なのかなあ。

ママ：ええ、もちろんそうね。でもときどき思うの。「今、厳しくしすぎたかな?」って。

ママ友：私なんて、いつもそう思うわ。もしくは、「甘やかしすぎた?」ってね。

ママ：そうね、完璧な人なんていないんだしね。

【語注】

❶ get along : （人と）仲良くする
❷ it's the same with ~ : ～も同じことである
❸ lately : 最近
❹ sure : 確信して
❺ either that or ~ : あるいは～かのどちらかだ
❻ nobody : 誰も～ない

❷ ママは名奉行

Sophie: Stop it, Tom!

Mom : What are you two doing? Why is Tom crying, Sophie?

Sophie: He threw[1] my toys.

Mom : Oh, I see. You didn't like it, I know, I know. Tom didn't mean to upset you. He just doesn't know how to[2] play with this toy. What do you think we should do?

Sophie: I'm sorry I yelled[3] at you, Tom. I'll teach you how to play with it.

Mom : That was very kind of you. Are we all OK? Good. Group hug[4]!

ソフィー：やめて、トム！

ママ：あなたたち何してるの？　どうしてトムが泣いてるの、ソフィー？

ソフィー：トムがおもちゃを投げたの。

ママ：ああそうか。嫌だったね、うん、うん。トムも怒らせようとしたわけじゃないのよ。このおもちゃの遊び方がまだわからないの。どうしたらいいと思う？

ソフィー：トム怒ってごめんね。遊び方教えてあげる。

ママ：優しいね。仲直りできたかな？　よかった。二人とも、ぎゅー！

【語注】

❶ threw<throw：投げる

❷ how to ~：どのように～するか

❸ yell：大声をあげる

❹ group hug：（3人以上で円陣を組んでの）抱擁

Quick Check ／ Chapter 5に出てきたフレーズの復習

以下の日本語の意味になるよう英文を完成させてください。答えはページの下にあります。

❶いたずらする ➡P138
She gets into (　　　).

❷なだめる ➡P139
I try to (　　　) her (　　　).

❸子どもの視点に立ってみる ➡P140
I try to (　　　) things from her (　　　) of (　　　).

❹共感する ➡P141
I (　　　) with her.

❺行儀よくする ➡P142
She (　　　).

❻何かやらかしてるな。 ➡P144
I know she's (　　　)(　　　) something.

❼おねだりしてもだめだよ。 ➡P146
It's (　　　)(　　　) pestering me about it.

❽これが噂の「魔の2歳児」なんだ。 ➡P147
So this is the (　　　)-(　　　) terrible twos.

❾分かってるよ、わざとじゃないよね。 ➡P152
You didn't (　　　)(　　　) do it, I know.

❿大丈夫、大丈夫。 ➡P153
Everything is (　　　)(　　　)(　　　) all right.

❶mischief
❷calm/down
❸see/point/view
❹sympathize
❺behaves
❻up/to
❼no/use
❽so/called
❾mean/to
❿going/to/be

♪MP3 48

【ママ友編】

いなくても悩む、いても悩む？　でもやっぱり心強い存在。

❶ しまった！　未読がたまってた。みんなレス早いな。

Oops! So many unread messages. They respond so quickly.

---

❷ 新しい幼稚園で、ほかのママたちと友達になれればいいな。

I hope I can become good friends with the other moms at the new kindergarten.

---

❸ なんかしっくりこないのよね。みんなどこかよそよそしい。

For some reason, I can't seem to break the ice with them. They all seem kind of distant.

※break the ice with ~ = ～(人)の緊張を解きほぐす／distant = 他人行儀な

---

❹ あの人とは気が合うとは思えない。

I don't think I can get along with her.

※get along with ~ = ～と仲良くする

---

❺ 気の合う人が一人でもいれば、もうけもんだよね。

Just one good friend is good enough.

※good enough = 十分によい

---

❻ ママ友とのランチ、楽しみだな～。

I'm looking forward to having lunch with the other moms.

❼ お友達のお宅にお邪魔してるときは、行儀よくしてほしい。

I hope he behaves himself when we visit his friend's house.

※behave oneself = 行儀よく振る舞う

❽ 夜出かけても、子どもたち、ちゃんと寝るかな?

Will the children be able to sleep if I go out for the evening?

❾ 大人だけの時は、子連れでは行けない場所に行きたいな。

When we're going out without the children, I would really like to go to a place we couldn't go with them.

❿ はー! 久しぶりのアルコールはすぐに酔いが回る。

Phew! It's been a long time since I last had a drink. I feel tipsy already.

※tipsy = ほろ酔いの

⓫ ママたちの体験談って、結構参考になる。

It helps a lot to hear about the other moms' experiences.

⓬ すごい! このママさん情報通だわ。

Wow! She is so well-informed!

※well-informed = 十分に情報を得た

⓭ 子育て一つにも、いろいろな考え方があるのね。

I guess all parents have their own ideas about raising children.

※guess ~ = ~だと思う

Chapter 6

Growing Up／成長

子どもの成長は早い。
ふにゃふにゃで首も据わっていなかった
わが子があっという間にハイハイ、つかまり立ち。
今やいっちょまえにお手伝いしようとする。
できることがだんだん増えていく。
子どもの「はじめてできた」を見逃さずに
成長を見守っていきたいですね。

♪MP3 26

Words／単語編

このChapterに関連する単語を覚えよう!

❶ checkup
❷ measure
❸ weigh
❹ weight
❺ scale
❻ body shape
❼ shorts
❽ crawl
❾ teethe
❿ babble
⓫ follow-up formula
⓬ cup
⓭ nap
⓮ grab
⓯ roll over
⓰ colic

⑰ self-control
⑱ compromise
⑲ tidy up
⑳ snack
㉑ adult
㉒ negotiate
㉓ grandma
㉔ activity
㉕ mischievous
㉖ silent type
㉗ smug face
㉘ talented
㉙ late bloomer

♪MP3 27

Behavior／動作表現

成長に関する動作を英語で言ってみよう!

1_成長する

He's growing up.

2_健康診断を受ける

He has a checkup.（ハザ チェッカップ）

3_体重を量ってもらう

He is weighed.（ウェイド）

4_笑う

He smiles.

5_音のする方を向く

He looks toward the sound.（トゥウォード）

6_おもちゃをつかむ

He grabs a toy.（グラブザ）

tips

1_「子どもの成長は早いな」はThe kids are growing up so fast.。

2_「健康診断」はcheckup。

3_「～（の重さ）を量る」はweigh。「（私が）子どもの体重を量る」はI weigh my child.と言う。「（身長・サイズ）を測る」はmeasure。「体重」はweight、「身長」はheightと言う。

4_smileが「（声を立てずに）笑う」であるのに対して、laughは「（声を立てて）笑う」。

5_look toward ~ は「～の方を向く、～に目を向ける」。

6_grab は「～をつかむ、ぎゅっとつかむ」。「～を手に持つ、握る」はholdを使う。

8_ nap は「昼寝」。

9_ cry は「泣く」。「夜中に目を覚ます」はHe wakes up in the middle of the night.。

10_ colic（たそがれ泣き）は、夕方に赤ちゃんが泣き出す現象を指す言葉。原因は腹部の痛みという説があるが、はっきりとは分かっていない。「泣き止まない」はHe does not stop crying.と言う。

11_ 「よだれ」はdrool。

7_ 寝返りを打つ

ロウルゾーヴァー
He rolls over.

8_ 昼寝をする

テイクサ
He takes a nap.

9_ 夜泣きをする

クライザッナイト
He cries at night.

10_ たそがれ泣きをする

コーリック
He has colic.

11_ おもちゃをなめる

リックス
He licks a toy.

♪MP3 27

12_ お座りをする

He sits up.（スィッツアップ）

13_ ハイハイする

He crawls.（クロールズ）

14_ つかまり立ちをする

He pulls himself up to a stand.（プルズ）

15_ 伝い歩きをする

He walks holding onto something.（ホウルディンゴントゥ）

16_ 歩き出す

He starts walking.

tips

12_ sit upには「上体を起こす」や「真っ直ぐに座り直す」という意味もある。

13_ crawlは「はう」。「ずりばい」はa belly crawl / belly crawlingと言う。

14_ 直訳 は「（赤ちゃんが何かにつかまりながら）自分を引き上げて立つ」、つまり「つかまり立ちをする」という表現。このa standは「立つこと」。

15_ hold onto ~は「～にしっかりつかまる」。「赤ちゃん用手押し車」はbaby walkerやpush toyと言う。

17_ 後追いをする

He follows me everywhere.

18_ なん語をしゃべる

バブルズ
He babbles.

19_ 二語文を話す

He uses two-word
センテンスィズ
sentences.

20_ 人見知りをする

He is shy around
ストレインジャーズ
strangers.

21_ ママから離れない

クリングズ
He clings to his mom.

22_ 預けるときに毎朝泣く

He cries every morning
ウェナイ
when I drop him off.

23_ コップ飲みをする

He drinks from a cup.

17_ follow は「〜の後について行く、〜を追い掛ける」。everywhere は「どこでも」。

18_ babble は「(乳児が)バブバブ言う、なん語をしゃべる」。

19_ sentence は「文」。

20_ shy は「恥ずかしがる、人見知りをする」。stranger は「見知らぬ人」。

21_ cling to ~ は「〜にしがみついたまま離れない、ベタベタする」。clingy は「くっついて離れない」という形容詞。a clingy child で「(保護者などに)べったりの子ども」。

22_ drop ~ off は「〜を送っていく、預ける」。「〜をお迎えに行く」は pick ~ up。

23_ 「ストロー飲みをする」は He drinks from a straw.。

♪MP3 27

24_ フォローアップミルクを飲む

He drinks a follow-up formula.
(formula: フォーミュラ)

25_ 卒乳をする

I stop breast-feeding him.
(breast-feeding: ストップブレストフィーディング)

26_ 大人と同じものを食べる

He eats the same things as adults.

27_ 一晩起きずに寝られる

He sleeps through the night.
(through: スルー)

28_ 体が大きくなる

His body grows bigger.

29_ 自分でしたがる

He wants to do things himself.

30_ お手伝いをする

He helps me out.

tips

24_ formulaは「(乳児用)ミルク」。

25_ wean(～[子ども]を離乳させる、卒乳させる)という言葉もある。He is weaned.で「卒乳した」という表現。

27_ sleep through ~ は「～の間中、眠り続ける」。

28_「身体発育」はphysical growthと言う。

30_「手伝う」はhelpだけでもいいが、help ~ outだと、何らかの仕事や作業があって、それに「手を貸す」という意味合いになる。

31_ take care of ~は「～の世話をする」。

32_ assertは「強く主張する」という意味。assert oneself で「自己主張する」。

33_ self-controlは「自制心」という意味。develop self-controlで、「いろいろな欲求を制御する、自制心が育つ」つまり「我慢できるようになる」という表現。

34_ learn to ~は「～できるようになる」。compromise は「妥協する」。

31_ 小さい子のお世話をする

He takes care (ケアロブ) of someone smaller than him.

32_ 主張する

He asserts (アサーツ) himself.

33_ 我慢できるようになる

He develops self-control.

34_ 妥協できるようになる

He learns to compromise (カンプロマイズ).

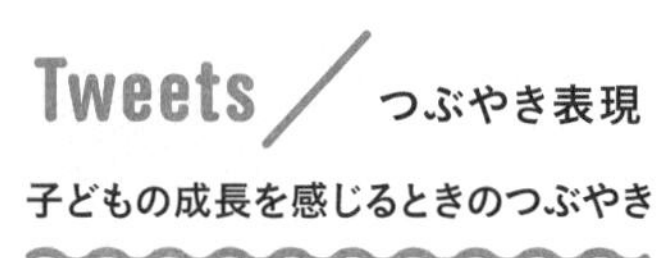

Tweets
つぶやき表現
子どもの成長を感じるときのつぶやき

1

笑ってる！　もう、かわいいなあ！

キュート
You're laughing! You're so cute!

laughは＝（声を立てて）笑う ／ cute＝かわいい
「笑顔がかわいすぎる」は、cuteの最上級 cutestを使って、**You have the cutest smile.** と言える。子どもを「かわいらしい」と言うときには、adorableもよく使う。

2

ママとパパ、どっち似かな？

ルックライク
Does he look like Mommy or Daddy?

look like ~ ＝ 〜に似ている
「似ている」は resembleとも言う。**He resembles his mother.**（お母さん似だね）。take after ~も「〜に似ている」だが、顔だけではなく性格や仕草も含めて「似ている」ということなので、赤ちゃんにはあまり使わない。**He takes after his father.**（彼は父親に似ているね）

3

生まれてきてくれて、うれしいよ。

グラード
I'm so glad you were born.

I'm glad ... ＝ …をうれしく思う
gladは「（ある状況になったこと）をうれしく思う」という意味で使う言葉。「あなたに会えてうれしいです」は、**I'm glad to see you.** と言う。「私のもとに生まれてきてくれてありがとう」は **Thank you for being my child.**。

4

元気に育ってね。

I hope you grow up(アップ) healthy and happy.

I hope ... = …と願う、希望する／grow up = 成長する／healthy and happy = 健康で幸せな

grow up healthyで「健康にすくすく育つ」という意味。同じ「願う」でも、wishは「(実現不可能なこと・運次第のことを) 願う、望む、祈る」、hopeは「(実現可能なことを) 願う」という意味の違いがある。**I hope you have a happy life.**（幸せな人生になりますように）

5

よしよし、いい子いい子～♪

You're such(サッチア) a good(グッ) boy!

赤ちゃんをあやすときの声掛け。女の子なら **You're such a good girl!**。他にも、**You're so good, aren't you? Yes, you are!**（いい子ですねー。そうですねー！）などと言ったりする。

6

歯が生えてきてる。

He's teething(ティーズィング).

teethe = 歯が生える

「歯が生えること」を teething と言う。「歯固め」は teething ring。teething troubles は「歯が生えるときの苦しみ、むずかり」。

7

あれ、首据わってる?

ヘッドコントロール

Oh, you have head control.

have head control = 首が据わる

日本語には「首が据わる」という表現があるが、英語では have/gain head and neck control（頭や首を支えられるようになる）のように、説明的な言い方をする。

8

寝返り、もうちょっとなんだけどな。

オールモスト

He can almost roll over.

almost = もう少しで、あとちょっとで ／ roll over = 寝返りを打つ

He's almost there. で「（成功・目標まで）あと一歩だ」という意味。

9

この子にはこの子のペースがあるんだから。

アッパッ

He'll grow up at his own pace.

at ~'s own pace = 自分のペースで、自分の速さで

I won't compare my child with others. で、「他の子と比べるのはよそう」という表現。

10

ゆっくりさんなだけだよね。

ジャスタ　レイップルーマー

He's just a late bloomer.

late bloomer = 大器晩成の人
late bloomer は「遅咲きの花」、つまり「大器晩成型の人」という意味。逆の意味で early bloomer（早咲きの人）という言い方もある。

11

できないことより、できることに目を向けよう。

フォウカソン　インステドブ

I'll focus on what he can do instead of what he can't.

focus on ~ =（注意・関心を）～に集中させる／instead of ~ = ～の代わりに
「長所に目を向けよう」は **I'll focus on his strengths.**と言う。

12

お座りできたと思ったら、もうハイハイ?

ジャスッラーンド　クローリング

You've just learned how to sit, and now you're crawling?

learn =（～することを）覚える、習得する／crawl = はう
justは完了形に添えると、「たった今（～したばかり）」という意味になる。nowは、「今度は、今やもう」という意味。**I want to learn how to swim.**（泳げるようになりたい）

13

言葉が分かってきてるみたい。

ワタイム

He seems to understand what I'm saying.

seem to ~ = ～しているように見える／understand = 理解する、分かる
「話し掛けると口元をじっと見てくる」は **He stares at my mouth when I talk to him.**。

あっ、今何か言わなかった?

ディジュー

Hm, did you just say something?

「話し始めたぐらいの赤ちゃんが話す幼児語」と「大人が赤ちゃんに話し掛ける赤ちゃん言葉」はどちらも baby talkと言える。

言葉になってきてるよねえ。

アクチュアリー

He's actually starting to form words.

actually = 実際に／start to ~ = ～し始める／form words = 言葉をつくる
「はじめての言葉を話す」は **He says his first word.** と言う。

16

髪の毛伸びたなあ。

His hair is getting longer.
（ヘアリズ／ゲティン）

get long = 長くなる
「髪の毛が薄い状態で生まれてきた」は **He was born with not much hair.**、「髪の毛ふさふさで生まれてきた」は **He was born with a full head of hair.** と言う。

17

やった！　立ってる！　立っちできたよ！

Yes! You're up on your feet! You're standing!
（アッポンニュアフィート）

up on one's feet = 立ち上がる
立ち上がったり、歩いたりなどの「成長の節目」は developmental milestone と言う。

18

急に歩けるようになったなあ。

He's walking all of a sudden.
（オーロヴァ／サドゥン）

all of a sudden = 突然、前触れもなしに
「だいぶ歩けるようになった」は **He has become good at walking.** と言う。

♪MP3 28

19

ばあばのこと覚えてたね！　えらい！

リメンバーデュア

You remembered your grandma! Good boy!

remember = 覚えている
「～を溺愛する、愛情を注ぐ」は dote on ~。「おじいちゃんが孫息子（孫娘）を溺愛する」は **A grandfather dotes on his grandson (granddaughter).**。「親バカ」はdoting parent。**I'm such a doting parent.** で「われながら親バカだ」。

20

あらら、今はママ以外ダメなんだよね。

Oh, dear. Everything has to be Mom right now.

Oh, dear. = あらまあ、やれやれ ／ have to be ~ = ～でなければならない
親と離れるのを不安がる「分離不安」は separation anxietyと言う。**Separation anxiety is normal in young children.**（分離不安は幼い子どもによく見られる）

21

今度はパパがいいの？　気まぐれだなあ。

ムーディー

Now you want Daddy? You're a moody little thing.

moody = 気まぐれな
形容詞＋ little thing は、幼児に対して愛情の意味を込めて「～な子」という表現。

22

体形、変わってきたなあ。

His body shape is changing.

body shape = 体形
「身体比率」は body proportionと言う。**His body proportions are changing.**（身体の（パーツの）比率が変わってきた）

23

体重計に乗ってごらん。

Hop on the scale.
（Hop：ホッポン）

hop on ~ = ～にひょいと乗る、飛び乗る／scale = 体重計
hop on ~は「（乗り物に）飛び乗る」と言うときによく使う。**I want to hop on a flight to a tropical island.**（飛行機に飛び乗って南国の島に行きたい）

24

体重なかなか増えないなあ。

His weight hasn't increased much.
（weight：ウェイト）

weight = 体重／increase = 増加する、増える
否定文で使われる muchは「あまり」という意味。

25

ちょっと体重増えてる。やったね！

He's gained（ゲインダ） a little weight. Good!

gain weight = 体重が増える cf. lose weight = 体重が減る
he's = he has。「ほっとした」は **What a relief.** と言う。

26

前に測ったときより2センチ伸びてる！

You're 2 centimeters（センティミーターズ） taller than the last time we measured（メジャード） you!

last time = 最後に／measure = ～を測る
「大きくなってきたね～！」は **You're getting so big!** 。

27

あれ、この半ズボンもう小さくなってる。

Oh, these shorts（ショーツァー） are too small.

shorts = 半ズボン
shorts は pants と同じで必ず複数形で使う。「この子のお気に入りだったのにな」は **They were his favorite.**。「よく似合ってたのに」は **He looked so cute in them.**と言う。

28

お洋服がつんつるてんになっちゃったね。

You've outgrown（アウッグロウン） your clothes.

outgrow = 大きくなって着られなくなる cf. outgrown は outgrowの過去分詞形
「お下がり」は、「受け継ぐ」という意味の hand downからくる hand-me-down という言い方をする。**I used to wear hand-me-downs from my sister.**（昔はお姉ちゃんのお下がりを着たものだ）

ずいぶんやんちゃになったなあ。

He's so mischievous（ミスチヴァス） these days.

mischievous = いたずらな、おちゃめな ／ these days = 近ごろ
mischievousは子どもに使うときは、「思わず笑ってしまうようないたずら、やんちゃ」というニュアンスだが、大人に使うと「迷惑な、有害な」という意味になる。naughtyも「いたずら好きな、わんぱくな」という意味だが、行動ではなく人に対して naughty boy/girlと言うと mischievousよりきつい表現になるので注意。

おとなしい子かと思ってたけど、分かんないもんだね。

I thought he was the silent（サイレンタイプ） type. You never know.

silent type = 無口なタイプ、寡黙な人 cf. chatty type = よくしゃべるタイプ、おしゃべりな人
You never know.は「はっきりしたことは言えない、分からないものだ」という表現。人やものの性質について使うときもあれば、将来的に何かいいことが起こりそうなときに「ひょっとして」という意味で使うこともある。**I don't think I'll win the lottery, but you never know.**（抽選に当たらないとは思うけど、ひょっとしたらね）

31

前はこのおもちゃに興味なかったのに。

インタレスティディン

He wasn't interested in this toy before.

be interested in ~ = ～に興味がある／before = 前は
「人に譲ってしまわないでよかった」は **I'm glad we didn't give it away.**と言う。

32

最近一人で遊べるようになってきたな。

グダッ

He's becoming good at playing by himself.

become good at ~ = ～が上手くなる／by oneself = 一人で
「一人遊び」は playing aloneや solo playとも言う。**I encourage him to play alone.**で「一人遊びを促す」という表現になる。

ずいぶん長く椅子に座っていられるようになったなあ。

He's able to sit on his chair for a long time now.

be able to ~ = ～できる／for a long time = 長い間
「今ではおもちゃを貸せるようになった」は **He's able to share his toys now.**と言う。

一緒にお片付けしよっか。え？　おやつ食べてから？

Let's tidy（タイディ） up together（アットゥギャザー）.
What? Do you want（ワンタ） a snack first?

tidy up = 整理整頓する ／ snack = おやつ
これは「おやつを食べたら片付けてもいい」と子どもが条件を付けてきた状況を想定している。

お、交渉してきたぞ。

I see he is negotiating（ネゴウシエイティング） with me.

negotiate with ~ = 〜と交渉する
I see は「お、ふむふむ」というニュアンスを表している。**I must set the boundaries.**で「こちらが限度を決めておかないと」。boundaryは「限度」。

36

お片付けが終わってからおやつだよ。

Tidy（タイディ） up first（アップファースト）, and then it'll be snack time（スナッタイム）.

snack time = おやつの時間
子どもは遊びや親との会話の中で、交渉によって欲しい物を手に入れる術を学んでいく。~(命令文) first, and then ...で「まず～しなさい。そうしたら…だよ」と伝えることができる。

37

だいぶ妥協できるようになってきたな。

カンプロマイズ

He can actually compromise now.

actually = 実際に、本当に／compromise = 妥協する
こちらが出した条件を子どもが妥協して受け入れたことに、感心している表現。actuallyは「(まさかと思うだろうが) 本当に」という意味で、ここでは妥協できるほど成長したことに驚く気持ちを込めている。

38

もう少しいろいろやらせてあげよ。

I should let him do more things.

should = ～すべきだ／let ~ do = ～にさせてあげる
「新しいことにも挑戦させてあげないと」は **I should let him try new things.** 。「もう少し冒険させてあげないと」は **I should let him explore a bit more.** と言える。

39

ちょっとお手伝いしてくれる?

クジュー

Could you give me a hand?

Could you ~? = ～していただけますか？／give ~ a hand = ～(人)に手を貸す、手伝う
Could you ~ ? は Can you ~ ? より丁寧な頼み方。大人に丁寧に頼むときは、**I would appreciate it if you could give me a hand.** (お手伝いいただけるとありがたいのですが) という言い方もある。

40

これやってみる?

Do you want to（ワントゥー） give it a（ギヴィタ） try?

give it a try = 試しにやってみる、挑戦してみる
「試しにやってみる」は have a goという言い方もある。**Do you want to have a go?**（やってみる?）

できたね～！　どうもありがとう!

You did it（ディディッ）! Thank you so much!

You did it! は「できたね!、やったね!」という意味の定型表現。**You're a big help.**で「とても助かるよ」という表現。

じーん、お手伝いできるようになったんだなあ。

Wow, he's helping me with the chores（チョアーズ）.

chores =（家庭内で毎日行う炊事、洗濯、掃除などの）家事、作業、雑用
家事を指すときは chores のように複数形で使う。help around the house も「家事を手伝う」という表現。

43

見て、このドヤ顔。

ルッカッザッ　スマッグ

Look at that smug little face.

smug face = したり顔、得意満面な顔
smug は「独りよがりの、うぬぼれた」などあまりいい意味の言葉ではないが、little（小さな）を付けることで、「かわいい」という気持ちで言っていることが分かる。

正解！　その調子！

That's correct! Way to go!

correct = 正しい ／ Way to go! = いいぞ！、その調子！
クイズや問題などの「正答」は correct answerと言う。Way to go!は、結果や成果を讃える表現。

うちの子天才かも！

タレンティッド

You're so talented!

talented = （生まれながらの）才能がある
gifted は「天賦の才能がある」で、芸術、音楽、スポーツの分野で幅広く使われる。genius は「天才」で、特に芸術や科学で秀でた人について言うことが多い。「探究心のある」は inquisitive。**He has an inquisitive mind.**（探究心がある）

この子は将来大物になるな。

He's going to be somebody when he grows up（グロウザップ）.

somebody には「ひとかどの人、偉い人」という意味がある。そうは言いながら、どんな大人になろうが幸せになってくれればそれでいい、と思うもの。「幸せになってくれればそれでいい」は、**I just want him to be happy.** と言う。

そろそろ習い事を考え始める時期?

Should I（シュダイ） start looking for activities（アクティヴィティーズ）?

look for ~ = ～を探す ／ activity = 活動

「習い事」は、activityや lessonなどと言う。学齢期の子どもの習い事については、extracurricular activity（課外活動）という言い方がある。

来年の今ごろはもっと大きくなってるんだろうな。

He will have grown up（グロウンナップ） so much by this time next year.

by this time = このときまでには、今ごろは

will have＋過去分詞で、未来のある時点での、結果の状態を表す。this time next year（来年の今ごろ）という未来の時点までには、he will have grown up so much（ずいぶん大きくなっていることだろう）と言っている。

CLOSE UP!

1
生まれてきてくれてうれしいよ。
I'm so glad you were born.

入れ替え例

you came 来てくれて	**you're here** ここにいてくれて	**you like it** 気に入ってくれて
we made it 間に合って	**you told me** 話してくれて	**you're home** 家にいてくれて

例文

I'm so glad you're here. I need to talk to you.
ここにいてくれてよかった。話さないといけないことがあるんだ。

I'm so glad you told me. I was worried about you.
話してくれてうれしいよ。(あなたのこと)心配してたから。

I'm glad ... は「…をうれしく思う」(p.174 つぶやき3、p.209 つぶやき24参照)。

入れ替え表現

ちょっとお手伝いしてくれる?

Could you give me a hand?

open the door ドアを開けて	**pass me the salt** 塩をとって
come over here こっちに来て	**do me a favor** お願いを聞いて

例文

Could you come over here for a moment?

ちょっとこっちに来てくれる?

Could you do me a favor and take the dog for a walk?

犬を散歩に連れて行ってもらってもいいですか?

Could you ~?は「~していただけますか?」と丁寧に尋ねる表現。子ども相手だと「~してもらってもいいですか?」くらいのニュアンス。favorは「親切な行為」。Could you do me a favor?は、丁寧に何かをお願いするときの定番表現。

Chapter6で学習した表現を会話で使ってみよう

❶ ママとじいじ、子どもの写真を眺める

Grandpa：Tom's just learned how to walk, and now he's running?

Mom：Yes, and he follows me everywhere. Everything has to be Mom right now.

Grandpa：I hope he grows up healthy. That's all I ask.

Mom：Do you think he looks like me or his daddy?

Grandpa：He looks just like you! Look at that smug little face. You used to❶ do the exact same❷ face!

Mom：Really? But, I thought I was the silent type. Tom is so mischievous these days.

Grandpa：So were you❸!

祖父：トムは歩けるようになったと思ったら、もう走ってるのかい？

ママ：そうなの。トムは私の後追いしてるの。今はママ以外ダメなんだよね。

祖父：このまま元気に育ってほしいな。それで十分だよ。

ママ：ママとパパ、どっちに似てると思う？

祖父：おまえにそっくりだよ！　見てごらん、このドヤ顔。おまえもよくこんな顔してたよ！

ママ：そう？　でも、私っておとなしい子だったんじゃない？　トム、最近ずいぶんやんちゃなのよ。

祖父：おまえだってそうだったよ！

【語注】

❶ used to ~：よく～したものだ

❷ exact same：まったく同じ

❸ So were you.：君もそうだった。

❷ お手伝いできるかな？

Dad：Sophie! **Could you give me a hand?**

Sophie：What is it, Daddy? I'm kind of[1] hungry right now. Can I have **a snack first**?

Dad：That's exactly[2] what I'm about to[3] do — make a snack.

Sophie：Really? Wow, we're making pancakes? What do I do?

Dad：Go wash your hands first. Now, we crack[4] the eggs into this bowl. **Do you want to give it a try?** Wow! **You did it!**

Sophie：It's a piece of cake[5]! What else?

Dad：We gently stir[6] the ingredients. That's it[7]. You're a big help. We cook the batter[8] on the frying pan, **and then it'll be snack time!**

パパ：ソフィー！　ちょっとお手伝いしてくれるかな？

ソフィー：なあに、パパ？　今ちょっとおなかがすいてて。おやつ、先に食べていい？

パパ：今からまさにそれをするんだ——おやつを作るんだよ。

ソフィー：ほんと？　わー、ホットケーキ作るの？　何すればいいの？

パパ：まずは手を洗っておいで。さあ、このボウルに卵を割るんだ。やってみる？　わあ！　できたね～！

ソフィー：簡単だよ！　次は？

パパ：材料を優しく混ぜよう。そうそう。とても助かるよ。生地をフライパンで焼いたらおやつの時間だ！

【語注】

❶ kind of ~：ちょっと～、なんだか～
❷ exactly：ちょうど、まさに
❸ be about to ~：まさに～しようとしている
❹ crack：～を割る
❺ a piece of cake：簡単なこと
❻ stir：混ぜる
❼ That's it.：その調子、その通り
❽ batter：生地

Quick Check ／ Chapter6に出てきたフレーズの復習

以下の日本語の意味になるよう英文を完成させてください。答えはページの下にあります。

❶人見知りをする ➡P171
He is (　　　)(　　　) strangers.

❷ママから離れない ➡P171
He (　　　) to his mom.

❸小さい子のお世話をする ➡P173
He (　　　)(　　　) of someone smaller than him.

❹主張する ➡P173
He (　　　) himself.

❺我慢できるようになる ➡P173
He develops (　　　)-(　　　).

❻ママとパパ、どっち似かな? ➡P174
Does he (　　　)(　　　) Mommy or Daddy?

❼ずいぶんやんちゃになったなあ。 ➡P183
He's so (　　　) these days.

❽おとなしい子かと思ってたけど、分かんないもんだね。 ➡P183
I thought he was the (　　　) type. You never know.

❾お片付けが終わってからおやつだよ。 ➡P185
(　　　) up first, and then it'll be (　　　) time.

❿ちょっとお手伝いしてくれる? ➡P186
Could you (　　　) me a (　　　)?

❶shy/around
❷clings
❸takes/care
❹asserts
❺self/control
❻look/like
❼mischievous
❽silent
❾Tidy/snack
❿give/hand

Chapter 7

Health Condition／体調

小さい子どもの体調管理は親の務め。
風邪を引かないように、あせもにならないように、
虫歯にならないようにと子どもの体を全方位から
気に掛け、体調をくずせばすぐ病院へ!
病院にかかる機会が多い乳幼児期は、
子どもの体調に関するつぶやきも多くなるでしょう。

♪MP3 31

Words ／ 単語編

このChapterに関連する単語を覚えよう!

❶ dentist
❷ baby tooth
❸ cavity
❹ food allergy
❺ food allergen label
❻ list of ingredients
❼ sensitive skin
❽ rash
❾ heat rash
❿ scab
⓫ ointment

⑫ 薬局

⑬ 薬
⑭ 処方箋
⑮ 副作用

⑯ 予防接種
⑰ 免疫力 
⑱ 小児科医

⑲ 食欲
⑳ 下痢
㉑ 胃腸炎
㉒ 風邪
㉓ 咳をする
㉔ 熱
㉕ 鼻水（が出ている鼻）
㉖ おでこ 
㉗ マスク
㉘ 病院
㉙ 予約
㉚ 待合室
㉛ 耳鼻科
㉜ インフルエンザ

⑫ pharmacy
⑬ drug / medicine
⑭ prescription
⑮ side effect
⑯ vaccination
⑰ immune system
⑱ pediatrician
⑲ appetite
⑳ diarrhea
㉑ stomach flu
㉒ cold
㉓ cough
㉔ fever
㉕ runny nose
㉖ forehead
㉗ mask
㉘ hospital / clinic
㉙ appointment
㉚ waiting room
㉛ ENT clinic
㉜ flu

♪MP3 32

Behavior／動作表現

体調にまつわる動作を英語で言ってみよう!

1_ 鼻水を垂らす

ハザ ラニィ

She has a runny nose.

2_ 咳をする

コフス

She coughs.

3_ 熱を測る

テンパレチュア

I take her temperature.

4_ 熱がある

She has a fever.

5_ 冷却シートをおでこに貼る

フォアヘッド

I put a cooling gel sheet on her forehead.

6_ 食欲がない

アペタイト

She has no appetite.

tips

1_ have a runny noseで「鼻水が出る」という表現。

2_「咳」「咳をする」はcough。「喉が痛い」はhave a sore throat。

3_ temperatureは「体温」。「体温計」はthermometer。I place the thermometer under her arm.で「脇の下に体温計を挟む」。

4_「熱」はfever。「熱がある」はhaveを使って表す。

5_ 日本発祥のものなので、fever pad sheetやcooling gel padなどさまざまな訳語がある。

6_「食欲」はappetite。「食欲がない」はShe doesn't want to eat.(食べたがらない)と言ってもよい。

8_「下痢」はdiarrhea。「排便」はbowel movement。「排せつ物(便)」はstoolと言う。

9_「便秘」はconstipation。

10_「小児科」はpediatricsで、「小児科医」はpediatrician。「内科」はinternal medicineで「内科医」はphysician。日本語では「小児科に行く」と診療科名で言うが、英語ではsee a doctor(医者に診てもらう)のように、see a pediatrician(小児科医に診てもらう)という言い方をする。

11_ medicineは「医薬」という意味。drugはそれ以外に「麻薬、薬物」という意味もあるが、日常生活ではmedicineとほぼ同じ意味で使う。「市販薬」はnonprescription drug/medicineと言う。

7_ 吐く

ヴォミッツ

She vomits / throws up.

8_ 下痢をする

ダイアーリア

She has diarrhea.

9_ 便秘になる

コンスティペイティッド

She gets constipated.

10_ 小児科に連れて行く

ピーディアトリシャン

I take her to the pediatrician.

11_ 薬局で処方箋の薬を買う

プレスクリプション　ファーマシー

I buy some prescription drugs/medicine at the pharmacy.

♪MP3 32

12_ 抗生物質を飲ませる

アンティバイオティック

I give her an antibiotic.

13_ 解熱剤を与える

アンティパイレティック

I give her an antipyretic.

14_ 看病する

テイッケアオヴ

I take care of her.

15_ 予防接種を受ける

ヴァクシネイティッド

She gets vaccinated.

16_ 湿疹（じんましん）が出る

ハイヴズ

She gets a rash (hives).

tips

12_「風邪薬」はcold medicine。「咳止めシロップ」はcough syrupと言う。

13_「解熱剤」はantipyreticsの他にanti-fever medicationという言い方もある。

14_「～の看病をする」はlook after ~とも言える。

15_「ワクチン」はvaccine、「予防（ワクチン）接種」はvaccinationと言う。

16_「湿疹」はrash。「おむつかぶれ」はdiaper rash。「じんましん」はhivesと言う。

17_「塗り薬、軟膏」はointment。単にcreamと言ってもよい。

18_ 複数の食物アレルギーがあれば、have food allergiesと言う。

19_ allergenは「アレルゲン」。

20_ cavityは「虫歯」。「虫歯がある」はhave a cavity。

21_ make an appointment with ~は「～(人)と会う約束をする」の他にも、「～(診察など)の予約をする」という表現になる。

22_ scrapeは「～を擦りむく」。「擦り傷」という意味もある。「切り傷」はcut。

23_ band-aidはジョンソン・アンド・ジョンソン社の登録商標で、アメリカではばんそうこう＝バンドエイド。イギリス英語では、plasterと言う。

17_ 塗り薬を塗る

オイントメント

I apply ointment on the rash.

18_ 食物アレルギーがある

アレジィ

She has a food allergy.

19_ 食品アレルギー表示を確認する

アレアジェン

I check the food allergen label.

20_ 虫歯になる

ゲッツァ　キャヴィティー

She gets a cavity.

21_ 歯医者を予約する

メイカン

I make an appointment

デンティスト

with the dentist.

22_ 膝を擦りむく

スクレイプス

She scrapes her knee.

23_ 〈擦りむいた箇所に〉ばんそうこうを貼ってあげる

プタ

I put a band-aid on it.

♪MP3 33

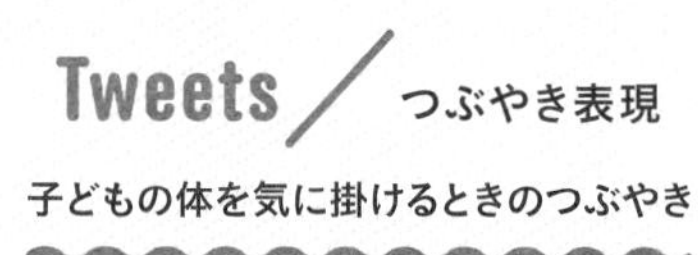

子どもの体を気に掛けるときのつぶやき

1

おうちに帰ったらうがい手洗いしようね。

ガーグル
Let's wash our hands and gargle when we get home.

gargle = うがいをする／get home = 家に着く、帰宅する
「ハンドソープ」は hand soap。「バイ菌（細菌）」は germs ［ジャームス］。「指の間」は between the fingers。「手の甲」は back of the hands。「爪の間」は under the nails。「両手首」は wrists。

2

なんか様子がいつもと違う。

She doesn't seem like her usual self.

one's usual self = いつもの自分、本調子
seem like + 名詞で「～と同じように見える」。この like は「～と同じように」という意味。**It's not like her to be so fussy.** で「こんなに機嫌悪いの、この子らしくない」という表現になる。

3

ボーっとして、元気がない。

ドラウズィー
She seems drowsy.

drowsy = 元気のない、気だるい、眠たそうな
seem + 形容詞で「～のように見える」。「症状」は symptom。「風邪の兆候が出てる」は **She has the symptoms of a cold.** と言う。

顔が赤いし体も熱い。

She looks flushed (フラッシュト) and her body is hot.

flushed = (顔が) 赤くなった
「微熱」は a slight/mild feverと言う。**She might have a slight/mild fever.**
(微熱があるかもしれない)

5

かわいそうに。具合悪い?

Poor thing. Are you not feeling well?

poor thing = かわいそうに / **feel well** = 気分がよい
「気分が悪い」は、feel under the weatherという言い方もある。**Are you feeling under the weather?** で「気分が悪いの?」。

熱が39℃もある。もしかしてインフル?

Her temperature (テンパレチュア) has reached 39℃ (ディグリーズ セルシアス). Could it be the flu (フルー) / influenza?

temperature = 体温、高熱 / **reach** = 届く / **flu** = インフルエンザ、流感
「セ氏」は Celsius。~℃は~degrees Celsiusと読む。一部の英語圏で使われている温度の単位「カ氏」は Fahrenheitで発音は [ファーレンハイト]。

♪MP3 33

7

あらら。下痢してる。

ダイアーリア

Oh, no. She has diarrhea.

diarrhea = 下痢
日本ではお腹の調子が悪いと「冷えたかな」と思う場合もあるが、英語ではそれにあたる言葉はない。下痢をすると疑うのは、stomach flu（胃腸炎［つぶやき8参照］）か、food poisoning（食中毒）である。

どうやら園で胃腸炎が流行ってるみたい。

スタマック　フルー

Apparently, there's a stomach flu outbreak in her kindergarten.

apparently = どうも～らしい／stomach flu = ウィルス性胃腸炎／outbreak =（疫病などの）大流行
「胃腸炎」は gastroenteritisや gastroとも言う。「ノロウィルス」は norovirus。「ロタウィルス」は rotavirus。virusの発音は［ヴァイラス］。

9

吐いたものに触らないようにしなきゃ。

ヴォミット

I have to be careful not to touch the vomit.

careful = 気を付ける／vomit = 嘔吐物
「ウィルスを広げないようにしなきゃ」は **I have to prevent the virus from spreading.**。

10

水分をたくさん取らせないと。

I should give her lots of fluids.（フルーイズ）

fluids = 水分
「脱水」は dehydration。「何か消化にいいものをあげよう」は **I'll give her something easy to digest.** と言う。digest［ダイジェスト］は「消化する」。

自己判断はよくないね。

I shouldn't self-diagnose.（ディアグノーズ）

self-diagnose = 自己診断する
「念のため医者に診てもらおう」は **I'll consult a doctor, just in case.** と言う。consultは「（医者に）かかる、（専門家に）意見を聞く」。just in caseで「念のため」。

12

病院に行くからマスクしよっか。

We're going to the hospital, so let's wear masks.

日本の「マスク」は英語では face mask（フェイスマスク）や surgical mask（外科手術用マスク）と呼ばれる。

♪MP3 33

13

今日、休日診療やってる病院ってどこだろう。

Which clinics are open for emergency assistance today?

clinic = 外来診療所／**emergency** = 急患、救急の／**assistance** = 救療（治療して救うこと）
今日はどこの病院が急患への医療を行ってくれるのかな、と言っている。各自治体で持ち回りで急患を受け入れる「夜間休日診療所」は night and holiday emergency clinicsと言う。「時間外診療」は consultation outside normal hours。

待合室では静かにしようね。

We need to be quiet in the waiting room.

quiet = 静かに／**waiting room** = 待合室
「みんなしんどいからね」は **Everyone's not feeling well.**。「外来患者」は outpatient、「入院患者」は inpatientと言う。

鼻が詰まっていて。吸引してもらえますか?

Her nose is blocked. Could you please suction her nose?

one's nose is blocked = 〜の鼻が詰まっている／**suction** = 〜を吸引する
「鼻詰まり」は have a blocked/stuffy noseや、nasal congestionと言う。nasal［ネイゾゥ］は「鼻の」、congestionは「詰まること」。

16

これで鼻で息ができるようになった。

She's now able to breathe (ブリーズ) through her nose.

breathe through ~ = 〜で呼吸をする
She was breathing through her mouth. で「口で息をしていた」。

17

薬、ごっくんできる?

Can you swallow (スワロゥ) the <u>pill</u>/<u>tablet</u>?

swallow = 〜を飲み込む / pill = 丸薬 / tablet = 錠剤
他にも「咀嚼(そしゃく)錠、チュアブル錠」は chewable tablet、「咳止めシロップ」は cough syrup、「カプセル」は capsuleと言う。

18

この薬の副作用は何だろう。

What are the side effects (サイディフェクツ) of this medicine?

side effect = 副作用
「(薬の) 用量」は dosage。「正しい用量のために、医師に体重を伝える」は **I tell the physician her weight for the correct dosage.** と言う。

19

早くよくなりますように。

I hope she gets well soon.

I hope ... = …と願う／get well = （健康状態が）よくなる、（病気が）治る／soon = すぐに
「苦しそうなの見てるのつらい…」は、**It's so difficult to watch her suffer ...** 。sufferは「（肉体的・精神的に）苦しむ」。

20

たくさん汗かいたね。パジャマ着替えようか。

You've sweated a lot.（スウェテダ） Let's change your pajamas.（チェインジュア）

sweat = 汗をかく
「氷枕を持ってくるね」は **I'll get you an ice pack.**。

21

熱が下がってるよ！　やった！

Your temperature（テンパレチュア） has gone（ガン） down! Yes!

「熱が上がった（下がった）」は、one's/the temperature has gone up (down) と言う。「まだ熱が下がらない」は **Her temperature hasn't gone down.**

22

インフルエンザの予防接種しておいてよかった。

Thank goodness she got a flu shot.

（グッネス / ガタ）

thank goodness ~ = ～とはありがたい、～してよかった／**flu =** インフルエンザ／**shot =** 注射

「インフルエンザの予防接種を受ける」は get a flu shotという言い方がある。「症状が重くならなくてよかった」は **Thank goodness it didn't turn serious.**。turn ~で「(変化して～に) なる」。seriousは「(状況・病気などが) 重篤な」。

23

しんどかったね。

That was hard, wasn't it?

（ワズンティット）

日本語の「しんどい」が表すさまざまな意味を網羅する言葉は英語にないので、ここでは「病気の間は大変だったね」という意味で、That was hard.と言っている。

24

早く治ってよかった!

I'm so glad you've recovered so quickly!

（リカヴァード）

I'm glad ... = …をうれしく思う／**recover =**回復する／**quickly =** すぐに

make a swift recoveryで「速やかに回復する」という表現。**I'm glad you made a swift recovery.**（早く回復してよかった）

♪MP3 33

25

治癒証明を書いてもらえますか。

Could you please write a recovery certificate?

クジュー (Could) リカヴァリー (recovery) サーティフィケイト (certificate)

recovery certificate = 治癒証明書
Could you please ~? は「～していただけますか？」と丁寧にお願いする言い方。「幼稚園に提出しないといけないんです」は、**I need to submit it to her kindergarten.**でよい。「紹介状」は referral letter。

26

今回の風邪は長引いてるな～。

Her cold isn't going away.

ゴウインガウェイ (going away)

cold = 風邪 ／ go away = 消えうせる
「しつこい風邪（咳）」は a stubborn cold (cough) と言う。stubbornは「（病気が）治りにくい、頑固な」。「しつこい咳にうんざり」は **I'm fed up with this stubborn cough.** と言う。

27

治ったらお友達に会えるよ。

You can see your friends as soon as you get well.

スーンナズ (soon as)

as soon as ~ = ～したらすぐに ／ get well = よくなる
「元気になったら、また楽しいことたくさんしようね」は **We'll do lots of fun things again as soon as you get well.**。

28

子どもの風邪がうつったみたい…。

I think I might have caught(コート) her cold ...

catch one's cold = 〜(人)の風邪がうつる cf. caught は catch の過去分詞
might have + 過去分詞で「〜したかもしれない」という意味。「なんか風邪をひきかけてる気がする」は、**I think I'm coming down with a cold.** と言う。

パパに全部任せて、休んでくるね。

I'll leave it to(リーヴィットゥー) Daddy to take care of(テイッケアロヴ) things and go lie down.

leave it to ~ = 〜(人)に任せる／take care of ~ = 〜を処理する／lie down = 横になる
take care of ~は「〜の看病をする」の他に「〜を処理する」という意味がある（p. 200動作 14参照）。go lie downは go and lie down（横になりに行く）の and が省略されている。「ばあばが来てくれた！　ありがたい」は **Grandma's here! Thank goodness.** と言う。

30

しばらく人混みに行くのはよそうね。

Let's avoid going to crowded(クラウディッド) places for a while.

avoid = 避ける／crowded = 混雑した／for a while = しばらくの間
「家で安静にしていよう」は **Let's stay home and rest.**。

♪MP3 33

31

幼稚園（保育園）に通い始めてから、よく病気になるなあ。

She's been sick so many times since she started kindergarten (nursery school).

sick = 病気になった ／ since ~ = 〜のときからずっと
start ~（幼稚園、学校など）で、「（幼稚園、学校など）に通い始める」。**She is being exposed to many different viruses.**で「たくさんのいろんなウィルスにさらされている」という表現になる。exposeは「（危険なものなどに）さらす」。

こうして免疫力をつけていくんだよね！

This is how she is building her immune (イミューン) system!

build = 〜を作る、強化する ／ immune system = 免疫システム
「免疫力を高める」は boost one's immune systemと言う。「どうやって食べ物で免疫力を高められるだろう？」は、**How can I boost her immune system with food?**。

予防接種のスケジュールを確認しておこう。

I should check her vaccination (ヴァクシネイション) schedule.

check = 確認する ／ vaccination = 予防接種 cf. vaccinate = 予防接種をする
「予防接種」は immunization ［イミューニゼイション］（免疫を付与すること）とも言える。「これがこの子の予防接種記録です」は、**This is her vaccination/immunization record.**。「注射嫌いだけど、これぱっかりは仕方ない」は、**She hates getting shots, but she has no choice.** と言う。shotは「注射」。

34

また中耳炎かー！　繰り返すよね……。

Not another ear infection! It keeps coming back ...

not another ~ = また～とは（うんざりだ）／ear infection = 耳の感染症、中耳炎／come back = ぶり返す

「中耳炎」は middle ear infectionとも言う。「急性中耳炎」は acute otitis media (AOM)。

なんで耳鼻科っていつもこんなに混んでるの。

Why is the ENT clinic always so crowded?

ENT (ear, nose and throat) clinic = 耳鼻咽喉科の病院／crowded = 混雑した

「耳鼻科医」は一般的に ear, nose and throat doctor、もしくは頭文字をとって ENT doctorと呼ばれる。「眼科医」は eye doctorと言う。「順番まだかな？　待ち時間、長い～」と心の中でつぶやきたいときは **Is it our turn yet? We've been waiting for ages!** と言う。

36

スマホで予約できたのか！

I didn't know I could make an appointment on my smartphone!

make an appointment = （訪問や診察などの）予約・約束をする

「今度からそうしよう」は **I'll be sure to do it next time.**。「なんて便利なんだろう」は **How convenient.** と言う。

37

あれっ、湿疹ができてる。どうしたんだろう。

Hmm, there's / she has a rash. I wonder why.

rash = 湿疹 ／ I wonder why. = なぜだろう。
外部刺激や汗などにより、急に出た皮膚の炎症を rash（湿疹）と言う。一方、皮膚の疾患から持続的に出ているやや深刻なものを、eczema（湿疹）と呼ぶ。発音は［イグジーマ］。「皮膚炎」を指す言葉に dermatitis があり、「アトピー性皮膚炎」は atopic dermatitis と言う。発音は［エィタピック・ダーメタィティス］。

待てよ。これってアレルギー反応じゃないよね。

Wait a minute. This isn't an allergic（アラージック） reaction, is it?

Wait a minute. = ちょっと待って。 ／ allergic reaction = アレルギー反応
「アレルギー反応の症状」は symptoms of an allergic reactionと言う。

39

原材料表を確認したから大丈夫なはず。

I checked the list of ingredients（イングリーディエンツ） so it should（シュッビー） be all right.

list of ingredients = 原材料表
ingredientは「（料理の）材料、成分」の意味で、list of ingredientsは、加工食品で使用されている原材料の一覧のこと。食物アレルギーの原因となるため表示義務がある「特定原材料」は specified ingredient で、egg（卵）、wheat（小麦）、buckwheat（そば）などがある。

あせもかゆいよね、でもかいちゃダメ〜！

I know your heat rash is itchy(イチィ), but please don't scratch(スクラッチュア) your skin!

heat rash = あせも ／ itchy = かゆい ／ scratch = かく、ひっかく
「赤みをもった小さなボツボツ（小丘疹(しょうきゅうしん)）」は red bumps（small papule）。「シャワーで汗を流そう」は **Let's take a shower to wash off the sweat.**。「爪は短くしておこう」は **Let's keep your nails short.** と言う。

ひっかいたとこ、かさぶたになってる。

Scabs(スカブズ) have formed where you scratched.

scab = かさぶた ／ form = 形成する、できる
「かさぶたは触らないようにしてね」は **Try not to pick your scabs.**。pickは「（つまみ）取る」。「その方が早く治るよ」は **They'll heal faster.**。

私に似て敏感肌なのかも。

She might have sensitive skin like me.

might = 〜かもしれない ／ sensitive skin = 敏感肌 ／ like ~ = 〜と同じように
「乾燥肌」は dry skin。「敏感肌の扱いはよく分かってる」は **I know how to treat sensitive skin.**。「皮膚科で診てもらおう」は **I'll take her to the dermatologist.**。dermatologist は「皮膚科医」。

43

乳歯がグラグラしてる。

ウォブリィ

Her baby tooth is wobbly.

baby tooth = 乳歯 cf. permanent tooth = 永久歯 ／ **wobbly = グラグラする**
loose（緩んだ、グラグラした）を使って、**Her tooth is loose.** と言ってもよい。

歯が痛いの？　虫歯じゃないといいけど。

ハーツ

Your tooth hurts?

キャヴィティー

I hope it's not a cavity.

hurt = 痛む ／ **cavity = 虫歯**
have a toothacheも「歯が痛む」というフレーズ。**We've been brushing our teeth regularly.** で、「ちゃんと歯を磨いてきたのにね」。teethは tooth（歯）の複数形。

明日、歯医者さんに空きあるか見てみよう。

Let's see if there's an available time slot at the dentist tomorrow.

let's see if ~ = ～を確かめてみよう ／ **available = 利用できる** ／ **[time] slot = 時間帯**
医療機関の予約はオンラインで取ることも増えている。「(予約可能な) 空いている時間帯」は、available time slot や available appointment slot という言い方をする。

46

転んだの？　おいで。大丈夫？

Did you fall down? Come here. Are you all right?

fall down = 転ぶ／**Come here.** = こっちにおいで。
「すぐに立ち上がったね！」は **You got right back up again!** と言う。

痛いところママに見せて。

Show me where it hurts.

show ~ ... = ～に…を見せる／**hurt** = 痛む
「血が出る」は bleed。**You're bleeding just a bit.** で「ちょっとだけ血が出てるね」。

いたいのいたいのとんでけー！

Pain, pain, go away.

pain = 痛み
Go away. で「どこかへ行け」と命令している。Pain, pain, go away. は、詩や歌詞などに使われるフレーズではあるものの、日本の「いたいのいたいのとんでけ」のように一般に浸透しているわけではない。これはマザーグースの歌『Rain, Rain, Go Away』の替え歌にしている表現。

CLOSE UP!

❶

[彼女は]熱があるの。

She has a fever.

入れ替え例

a cold	a headache	a stomachache
風邪をひいている	頭が痛い	お腹が痛い
a toothache	**pain in her back**	
歯が痛い	腰痛を持っている	

例文

I have a terrible headache. I hope I'm not coming down with a cold.

ひどい頭痛がする。風邪じゃないといいけど。

Grandma says she has pain in her knees. Poor thing.

おばあちゃん、膝が痛いんだって。かわいそうに。

体の不調にまつわる表現は、have ~という形のものが多い。terribleは「ひどい」。come down with~は「～にかかる」という意味。

入れ替え表現

2

[彼女は]ボーっとして、元気がない[ように見える]。

She seems drowsy.

sleepy	tired	exhausted
眠い	疲れている	疲れ切った
happy	**excited**	**upset**
うれしそうな	興奮した	うろたえた

例文

He seems exhausted after all the running around.

走り回りすぎて、疲れ切っているみたい。

Are you all right? You seem upset.

大丈夫？　うろたえているようだけど。

seem ~は「(主観的に見て)～ように見える、～と思われる」という動詞。all the ~は「～のすべて」という意味で、all the running aroundで「散々走り回った」という表現になる。

♪MP3 35

Skit / 会話

Chapter 7で学習した表現を会話で使ってみよう

❶ 風邪の症状？

Mom : Morning. **Tom doesn't seem like his usual self** this morning.

Dad : Yawn❶. Morning. What do you mean❷?

Mom : **He seems drowsy.**

Dad : **He might have caught a cold.** The teacher said that **there's an outbreak** of the common❸ cold in his nursery school.

Mom : You're right. Come to think of it❹, he hardly❺ ate dinner last night. Let's see❻. His body is hot! **I'll take his temperature.**

Dad : **His temperature has reached 38℃.** Let's **take a day off from nursery school** today and **take him to the pediatrician.**

Mom : Yes, let's. **Poor thing.** We're seeing a doctor, so you'll **get well soon!**

ママ：おはよう。今朝はトムの様子がいつもと違うの。

パパ：ふぁー、おはよう。違うってなにが？

ママ：ボーっとして、元気がない。

パパ：風邪じゃないかな。先生が、園で普通の風邪が流行ってるって言っていたよ。

ママ：確かに。言われてみれば、昨日の晩ご飯もあまり食べてなかったよね。どれ。体が熱い！　熱を測ろう。

パパ：熱が38℃もある。今日は保育園休んで小児科に連れていこう。

ママ：そうね。かわいそうに。お医者さんのところに行って早く治そうね！

【語注】

❶ yawn：あくび(の声)
❷ mean：意味する
❸ common：一般的な
❹ come to think of it,：そういえば
❺ hardly：ほとんど～ない
❻ Let's see.：確認しよう。

❷ 病院にて

Mom：Is it our turn yet? We've been waiting for ages. **Why is the ENT clinic always so crowded?**

(In a consultation room)

Doctor：What seems to be the problem?

Mom：He was seen a week ago, but **his cold isn't going away ...**

Doctor：I see. What symptoms does he continue to[1] have? I see his temperature is normal[2].

Mom：**He still has a runny nose.** He has trouble breathing[3]. **Could you please suction his nose?**

Doctor：Will do. His ears are clean, so he doesn't seem to have **an ear infection**. I'll write out[4] **a prescription** for the runny nose.

Mom：Thank you very much.

ママ：順番まだかな〜？　待ち時間長い。なんで耳鼻科っていつもこんなに混んでるの。

(診察室に呼ばれて)

医師：どうされましたか？

ママ：一週間前に受診しましたが、風邪が長引いていて…

医師：そうですか。どんな症状が続いていますか？　熱はないようですね。

ママ：まだ鼻水が出ているんです。呼吸が苦しそうで。吸引してもらえますか？

医師：そうしましょう。耳は異常なし、中耳炎にはなっていないようです。鼻水用に処方箋を出しますね。

ママ：ありがとうございます。

【語注】

❶ continue to ~：〜し続ける

❷ normal：通常の

❸ have trouble ~ing：〜するのが大変だ

❹ write out：〜を書き出す

Quick Check / Chapter 7に出てきたフレーズの復習

以下の日本語の意味になるよう英文を完成させてください。答えはページの下にあります。

❶便秘になる ➡P199
She gets (　　　).

❷予防接種を受ける ➡P200
She gets (　　　).

❸食物アレルギーがある ➡P201
She has a (　　　)(　　　).

❹歯医者を予約する ➡P201
I (　　　) an (　　　) with the dentist.

❺膝を擦りむく ➡P201
She (　　　) her knee.

❻なんか様子がいつもと違う。 ➡P202
She doesn't seem like her (　　　)(　　　).

❼ボーっとして、元気がない。 ➡P202
She seems (　　　).

❽吐いたものに触らないようにしなきゃ。 ➡P204
I have to be careful not to touch the (　　　).

❾早くよくなりますように。 ➡P208
I hope she (　　　)(　　　) soon.

❿治癒証明を書いてもらえますか。 ➡P210
Could you please write a (　　　)(　　　)?

❶constipated
❷vaccinated
❸food / allergy
❹make / appointment
❺scrapes
❻usual / self
❼drowsy
❽vomit
❾gets / well
❿recovery / certificate

♪MP3 49

【共働き編】

仕事と育児の両立には、家族と社会の支えが必要。

❶ 仕事と育児って両立できるのかしら?

Am I going to be able to balance my career and motherhood?

※motherhood = 母であること

❷ 育児休暇、切り上げようか延長しようか……。

Should I end my child care leave now or use it all up?

※leave = 休暇/use up = 使い尽くす

❸ 病児保育、登録しておこうかな。

Maybe we should register with the day care for sick children.

※register with ~ = ~に登録する

❹ どうしてこう毎朝慌ただしいんだろ。

Why do I have to rush around like this every morning?

※rush around = 走り回る

❺ 今ごろどうしてるかな。そろそろ保育園はおやつの時間だけど。

I wonder what she's doing now. I guess it's almost snack time at nursery school.

❻ 会社に着いたら、保育園から即呼び出しだよ。

Just as I arrive at the office, I get a call from the nursery school.

※just as ~ = ~すると同時に

❼ 男性ももっと育児休暇を取る人が増えたらいいのに。

I wish more men would take child care leave.

❽ やばい！　仕事が終わらない。子どものお迎えに行かなくちゃならないのに。

Oh, no! I can't finish my work. I have to go and pick up my child.

※go and ~ = ～しにいく

❾ 休日出勤か。子ども、どうしよう？

I have to work this weekend. What'll I do with him?

❿ もっとゆっくり子どもと過ごしたいなあ。

I wish I could spend more time with her.

⓫ 家族の助けのおかげで仕事を続けてこられたのよね。

Thanks to my family's support, I've been able to have a career.

※have a career = 経歴がある

⓬ うちの会社も、ようやく子育て支援に力を入れ始めたようね。

Our company finally got down to supporting employees with children.

※get down to ~ = ～(仕事など)に本腰を入れて取り掛かる

⓭ ご飯作るの、面倒。今日は外食にしちゃってもいいでしょうか……？

I don't have any energy left for cooking. Can't we just eat out?

Chapter 8

In the Bathroom
／トイレ・風呂・歯磨き

毎日行うトイレ・風呂・歯磨き。
一人でトイレできたかな?
シャンプーで泣くかな?
歯磨き嫌がるかな?
毎日のルーティンだからこそ、つぶやくと
親も子も英語が定着しやすいシーンかもしれません。

♪MP3 36

Words／単語編

このChapterに関連する単語を覚えよう!

❶washing machine
❷hamper
❸bath towel
❹bath
❺tub
❻rubber duck
❼water
❽hot
❾lukewarm
❿shower
⓫head
⓬hair
⓭body
⓮baby shampoo
⓯soap

⑯ トイレ
⑰ トイレトレーニング
⑱ パンツ
⑲ 幼児用便座
⑳ 爪
㉑ ベビーマッサージ
㉒ 綿棒
㉓ 保湿クリーム
㉔ パジャマ
㉕ ゆすぐ
㉖ 歯
㉗ 歯ブラシ
㉘ 歯磨き粉
㉙ 膝

⑯ **bathroom**
⑰ **potty training**
⑱ **underwear**
⑲ **potty seat**
⑳ **nail**
㉑ **baby massage**
㉒ **cotton swab**
㉓ **body lotion**
㉔ **pajamas**
㉕ **rinse**
㉖ **teeth**
㉗ **toothbrush**
㉘ **toothpaste**
㉙ **lap**

♪MP3 37

Behavior ／ 動作表現

トイレ・風呂・歯磨きでの動作を英語で言ってみよう!

1＿トイレに行く

He goes to the bathroom.

2＿トイレトレーニングをする

We start potty training.

3＿幼児用便座に座る

スィッツォンザ

He sits on the potty seat.

4＿手を洗う

He washes his hands.

5＿タオルで手を拭く

ウィザ

He dries his hands with a towel.

6＿服を脱ぐ

テイクソフ

He takes off his clothes.

tips

1＿bathroom は本来「トイレを備えた浴室」だが、アメリカでは家庭と外出先のトイレどちらにも使える。イギリスでは家庭と外出先ともにtoiletと言える。

2＿pottyは「トイレ」の幼児語、そして「おまる」という意味。

3＿potty seat は「幼児用便座」。

4＿「お湯とせっけんで手を洗う」はHe washes his hands with hot water and soap. と言う。

5＿dry one's hands with ... は「…で(拭って) 〜の手を乾かす」。「ハンカチ」はhandkerchief。

6＿take off 〜は「〜 (衣類・靴など)を脱ぐ」。take 〜 off としてもよい。

7 _ washing machineは「洗濯機」。「乾燥機」はdryerと言う。

8 _「シャワーを浴びる」はtake a shower。

9 _ rinseは「～をすすぐ、ゆすぐ」。rinse ~ off …は「…から～を洗い流す」という意味。「せっけんの泡を洗い流す」はrinse off sudsと言える。sudsは「せっけんの泡」。

11 _「ボディーソープ」はbody soap。「固形せっけん」はa bar of soapと言う。

7 _ 洗濯機に服を入れる

He puts his clothes into the washing machine.

8 _ お風呂に入る

テイカ
We take a bath.

9 _ シャワーでせっけんを流してあげる

ソウポフ
I rinse the soap off his body.

10 _ 顔を洗ってあげる

I wash his face.

11 _ 体を洗ってあげる

I wash his body.

♪MP3 37

12_ ベビーシャンプーを使う

I use baby shampoo.

13_ 髪を洗ってあげる

I wash his hair.

14_ お湯を頭にかけてあげる

I pour warm water over his head.

15_ 湯船につかる

We soak in the tub.

ソウキン タブ

tips

13_「髪のもつれをほどく」はI detangle his hair.と言う。

14_ pour water over ~ は「～に水をかける」。

15_ soak は「つかる」。tubは「浴槽、バスタブ」。

16_ floatは「～を浮かべる」。

18_ stay in ~ too long は「～(場所)に長く居過ぎる」。

20_ count to ~は「～まで数える」。

21_ get out of ~ は「～から外へ出る、出ていく」。

22_ head rushは「立ちくらみ」という意味で、「のぼせ」を表す言葉でもある。「フラフラする」はfeel dizzyと言う。

16_ おもちゃを浮かべる

フロウトサムトイズ

We float some toys in the tub.

17_ お風呂で遊ぶ

We play in the bath.

18_ 長風呂をする

タブトゥー

We stay in the tub too long.

19_ お風呂で歌を歌う

スィンギン

We sing in the bath.

20_ 10まで数える

カウントゥー

We count to 10.

21_ 湯船から出る

ゲタウトブ

We get out of the tub.

22_ のぼせる

ゲタ

I get a head rush.

♪MP3 37

23_ バスタオルで体を拭いてあげる

I dry his body with a bath towel.（with：ウィザ）

24_ 保湿クリームを塗ってあげる

I apply body lotion on his skin.

25_ パジャマを着せる

I help him put on his pajamas.（put：プトン）

26_ 髪を乾かしてあげる

I blow-dry his hair.（blow：ブロウ）

27_ 髪をとかしてあげる

I comb his hair.（comb：コーム）

28_ 爪を切ってあげる

I cut his nails.

29_ 綿棒で耳掃除をしてあげる

I clean his ears with a cotton swab.（with：ウィザ　cotton swab：コットン スウァブ）

tips

24_ applyは「～を塗る」。body lotionは体や顔に塗る「保湿クリーム」。

25_ pajamas は「パジャマ」。上下セットと考えて必ず複数形で使う。

26_ blow-dryは「ドライヤーで髪を乾かす、ブローする」という動詞。

27_ comb は「(髪を)くしでとかす」。brushは「(髪に)ブラシをかける」。

28_「爪を切る」はcut one's nails、もしくはclip one's nails やtrim one's nailsと言う。

29_ clean ~ with ... は「～を…で掃除する」。cotton swab は「綿棒」。「耳かき」はear pick。「耳あか」はearwaxと言う。

30_ blow one's nose は「鼻をかむ」。

31_ give ~ a massageは「～にマッサージをしてあげる」。

32_ brush one's teeth は「歯を磨く」。

33_ finish -ingは「～し終える」。

34_ rinse one's mouthは「口をゆすぐ」。

30_ 鼻をかませる

I help him blow his nose.

31_ ベビーマッサージをしてあげる

I give him a baby massage.（him: ヒマ）

32_ 歯を磨く

He brushes his teeth.（brushes: ブラッシィズ）

33_ 仕上げ磨きをしてあげる

I help him finish brushing his teeth.

34_ 口をゆすぐ

He rinses his mouth.

Chapter 8 トイレ 風呂 歯磨き

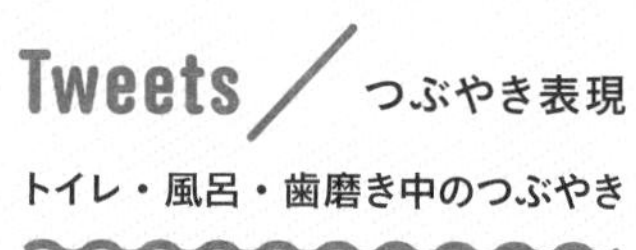

Tweets
つぶやき表現
トイレ・風呂・歯磨き中のつぶやき

1

トイレ行こうか。

It's time to use the potty now.

potty = トイレ（幼児語）、おまる
potty は本来「おまる」。でも「トイレトレーニング」を potty training と言うように、「トイレ」と同じ意味で pottyと言ったりする。「おトイレ行こうか」は **It's time to go to the bathroom.** と言ってもよい。

2

あっ、もう出ちゃったかな。

Oh, you already did it.

ここでは、状況から did（doの過去形）it に「うんち（おしっこ）をした」という意味を持たせられる。「うんち［をする］」の幼児語は poo-poo や poo。「おしっこ［をする］」は pee などと言う。

3

パンツ替えようね。

Let's change your underwear.

underwear = 下着、パンツ
「下着」は undies（必ず複数形）とも言う。「失敗することもあるよ」は accident を使って、**Oh, well. Accidents happen.** と声を掛けるとよい。**Let's try again.** は「また頑張ろうね」。

4

もうちょっとでおむつ取れるんだけどな。

He still needs diapers（ダイパーズ）. But he's almost there（オールモストゥゼア）.

still = まだ、今もなお ／ need = ～を必要とする ／ diaper = おむつ ／ almost there = （成功・目標まで）あと一歩
「いつかは成功するよ」は同じく thereを使って、**We'll get there eventually.** と言える。

まあ、みんないつかは取れるんだし。

Well, everyone stops wearing diapers someday.

stop -ing = ～するのをやめる ／ someday = いつか、そのうち
well はさまざまな状況で使う間投詞。ここでは「まあいいか、仕方ない」という意味で言っている。「あんまり心配するのはやめよう」は **I'll stop worrying so much.** と言う。

6

焦らなくてもいいか。

I shouldn't feel pressured（プレシャード）.

feel pressured = プレッシャーを感じる
shouldn't = should not。「プレッシャーを与えちゃいけない」は **I shouldn't pressure him.**。この pressureは動詞で「（人）に圧力をかける」という意味。

7

トイレ行きたいの?

ニーットゥー

Do you need to go to the bathroom?

need to ~ = ～する必要がある／bathroom = トイレ
厳密には、bathroom は「家庭のトイレ」を指すことが多いが、外出先でも使える。「トイレ」は国によってさまざまな言い方があり、お店などの「化粧室」はアメリカでは restroom、イギリスでは [public] toilet（[公衆]便所）や lavatory などと言う。外出先で子どもに「トイレ行きたい?」と確認するなら、混乱しないように一貫して bathroom でよい。

教えてくれて偉いね。

テリンミー

Well done for telling me.

Well done for -ing = ～して偉いね
「おもちゃを貸してあげて偉いね」は **Well done for sharing your toys.**。

9

すごいね!　さすがお兄さん(お姉さん)だね。

サッチャ

Great! You're such a big boy (girl) .

Great! = すごい!
You're such a big boy (girl).は「何て大きい男の子（女の子）なの」、つまり「お兄さん（お姉さん）だね」と褒めている。「お尻を自分で拭けたの? すごい!」は **You wiped your bottom? Wow!** と言う。

10

またしたくなったら教えてね。

Let me know when you want to（ワントゥー） go again.

let me know = 教えてね
goだけでも「トイレに行く」という意味がある。**Do you need to go?**は「トイレに行きたいの?」。**I have to go.**で「ちょっとトイレに行ってくる」という表現になる。

11

手を洗うのを忘れないようにね。

Don't forget to（フォゲットゥー） wash your（ワッシュア） hands.

Don't forget to ~ = 〜するのを忘れないでね
Don't forget to wash between your fingers. は「指の間を洗うの忘れないでね」。

12

あっ、お風呂に入る前に寝ちゃった……。

Oh, he's fallen asleep（フォールンナスリープ） before taking a（テイキンガ） bath ...

fall asleep = 眠りに落ちる、眠りにつく
he's = he has。「あっ、うとうとしてる」は **Oh, he's dozing off.**。doze off は「うとうとする、うたた寝する」。

♪MP3 38

13

起こしたら泣くだろうな。

He'll probably cry if I wake him.

probably = たぶん ／ **cry** = 泣く ／ **wake** = 〜を起こす
「起きてこなかったらこのまま眠らせてあげよう」は **I'll just let him sleep if he doesn't wake up.** と言う。

今日はシャワーでいいか。

A shower will do today.

will do = 目的を果たす
A shower will do.で「（お風呂に入らなくても）シャワーで十分」という表現。「お風呂を入れる、お湯を張る」は run a bathと言う。**It's hot today, so we don't have to run a bath. A shower will do.**で「今日は暑いから、お風呂は入れなくていいよ。シャワーで十分」という言い方になる。

お風呂入るよ〜！

It's bath time!

bath time = お風呂の時間
It's time to ~を使って、**It's time to take a bath.** と言い換えることもできる。

16

一人で脱げる？

ゲッタンドレスト

Can you get undressed on your own?

get undressed = 服を脱ぐ ／ **on one's own** = 自分で、自力で
take one's clothes offと言い換えることもできる。**Take your clothes off.**（洋服脱いでね）

お手伝いしようか？

ワントミー

Do you want me to help you?

Do you want ~ to ...? = ～に…をしてほしい？
Do you want me to ~?は、何かをしてほしいか尋ねる表現。**Do you want me to close the door?** は「ドアを閉めましょうか？」。「手伝いは必要ですか？」は他にも、**Do you need any help?**という聞き方がある。

18

服を脱いで洗濯かごに入れてね。

ハンパー

Take off your clothes and put them in the hamper.

hamper = 洗濯かご
「（洗濯した）きれいな服」はclean clothesと言う。

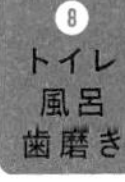

19

ここかゆいの？　後でクリームを塗っておこうね。

Is this itchy? Let's put some cream on it later.

（イチィ）（プッサム）

itchy = かゆい／cream =（薬用・化粧用）クリーム／later = 後で
お風呂では身体の変化に気付きやすい。「～を…に塗る」は put ~ on ... の他に apply ~ on ... とも言える。「虫刺され」は bug biteと言う。

20

すごい！　自分で体洗えるんだね。

Wow! You're washing your body by yourself.

（ワッシィンギュア）

by oneself = 自分だけで、独力で
Let me help you with your back. で「背中は手伝うよ」。

21

はい、流すよ～。

Here comes the water.

Here comes ~ . = ほら～が来るよ。
Here comes ~ . は、移動や食事、入浴のときなど子どもの注意を促したいさまざまなシーンで使える表現。**Here comes the bullet train!** で、「ほら、新幹線が来るよ！」。

22

お目目つぶって。

クロウジュア
Close your eyes.

close = ～を閉じる
Close your mouth. で「お口閉じて」。「手で目を覆って」は **Cover your eyes with your hands.**。「鼻で水を吸い込まないようにね」は **Try not to breathe through your nose so you won't suck in water.** と言う。

23

シャワーを嫌がらないから助かるなあ。

グレイッザッ　ダズンヘイッシャワーズ
It's great that he doesn't hate showers.

hate = ～をひどく嫌う、嫌がる
逆に「どうすればシャワーを怖がらないようにしてあげられるんだろう？」は **How can I help him be less afraid of the shower?** と言う。be afraid of ~ は「～を恐れる」。「水泳は好きかもしれないね」は **He might like swimming.** と言う。

24

耳に水入っちゃったかな？

ガディントゥ
Has the water got into your ear?

get into ~ = ～の中に入り込む
gotは getの過去分詞形。「大丈夫だよ」は **You'll be fine.**。

25

お湯、熱いかも。

マイッビー　ハット

The water might be too hot.

might be ~ = ～かもしれない／too ~ = ～すぎる
温度を下げるために「水を足そう」は **I'll add some cold water.**。「赤ちゃん用の水温計」は baby bath thermometer。

26

しまった。お湯がぬるい。

ルークウォーム

Oh, no. The water is lukewarm.

lukewarm = 微温の、生ぬるい
「設定温度下げたの誰？」は **Who lowered the temperature setting?**。「すぐ追いだきするね」は **I'll reheat it right away.**。

27

バシャバシャしたらお風呂のお湯がなくなっちゃうよー！

If you splash so much, there won't be any water left in the tub!

splash = (水を) はね上げる、まき散らす／tub = 浴槽
there won't be any ~ leftは「～が残らない」という言い方。**If you don't come now, there won't be any food left.**（今来ないと、食べ物なくなっちゃうよ）

28

ほら、アヒルさんだよ。

Here's the rubber duck.

rubber duck = ゴム製のアヒル
Here's = Here is。アヒルの「ガーガー」という鳴き声は、quack quackと言う。発音は［クワーク］。splish-splashは「パシャパシャ」と水を跳ね散らかす音を表す。**Here comes the rubber duck. Splish-splash.**（ほうら、アヒルさんが来るよ。パシャパシャ）

29

お風呂の水飲まないよ。

You don't want to drink the bathwater.

（ドウントワントゥー）

you don't want to ~ = ～すべきではない、～しない方がいい／**bathwater** = 風呂の湯
なぜダメか聞かれたら、**It will give you a tummy ache.**（おなか痛くなるよ）と言うとよい。tummy は幼児語で「おなか」、ache は「痛み」。「飲用に適している」は be for drinkingやdrinkableと言う。**The tap water here is not for drinking.**（ここの水道水は飲用に適していない）　※ tap water = 水道水

30

肩まで入って。10数えよう。

Soak up to your shoulders. Let's count to 10.

（ソウカップトゥー／カウントゥ）

soak = つかる／**up to ~** = ～（に至る）まで／**shoulder** = 肩／**count to ~** = ～まで数える
soak up to one's shoulders で「肩までつかる」。「この歌が終わるまで入っていよう」は **Let's stay in the bath until we finish singing this song.** と言う。

31

もうあがるの?

ゲティンガウト

You're getting out already?

get out = (外へ) 出る
「体の芯まで温まったかな?」は、**Are you warm to the core?** と聞くとよい。core は「中心部」。「もうあがろうか」は **Shall we get out?** 。

32

カラスの行水だなあ。

ワタ クゥイックバス ザッワズ

What a quick bath that was.

what a ~ = なんて〜だ / quick = 迅速な、素早い
What a refreshing bath that was. で「なんて気持ちのいいお風呂だったんだろう」。

33

いつまで一緒にお風呂に入れるのかな。

テイカ

I wonder how much longer I can take a bath with you.

I wonder ~ = 〜かしらと思う / how much longer = あとどれぐらい
「あとどれぐらい人前で手を繋いでくれるのかな」は **I wonder how much longer he'll hold my hand in public.** と言う。

34

たまには一人でお風呂につかろうっと。

I'll enjoy a soak in the tub(タブ) by myself for(フォア) a change.

a soak in the tub = お風呂につかること ／ for a change = 息抜きに
「たまには自分のために時間を使おう」なら、**I'll spend some time for myself for a change.**。「自分だけの時間」は me timeという言い方がある。**Both moms and dads need some "me time" every once in a while.**（ママたちもパパたちも、たまには『自分だけの時間』が必要だ）

は～、気持ちいい～！ 生き返った！

Ah, this is so relaxing! I feel so revitalized(リヴァイタライズド)!

relaxing = リラックスさせる ／ revitalized = 活力を取り戻した
「何時間か趣味を楽しんだら、活力を取り戻したー！」は、**I feel so revitalized after spending a few hours enjoying my favorite hobby!**。

パジャマささっと着れるかな？ よーい、ドン！

How fast can you put on(プトン) your pajamas? Ready, set, go!

Ready, set, go! = 「位置について、よーい、ドン！」の掛け声
「あの滑り台まで競争しよう。よーい、ドン！」は、**I'll race you to that slide. Ready, set, go!**。race you to ~ は「（あなたと）～まで競争する」。

♪MP3 38

37

歯磨きするよ。

It's time to brush your teeth.

It's time to ~ = ～する時間だ
「歯ブラシに歯磨き粉を付けてくれる?」は、squeeze（絞り出す）を使って **Can you squeeze some toothpaste onto your toothbrush?** と言う。

自分で磨いてごらん。優しくね。

ジェントリー

Try brushing yourself. Gently.

brush = 歯を磨く／gently = 優しく、そっと
Try it yourself.（自分でやってごらん）と言うこともできる。「歯茎」は gum。「歯茎から血が出てる」は **Your gums are bleeding.**。

39

お膝にコロンして。

カマン　プッチュア

Come and put your head on my lap.

lap = 膝（座ったときの膝から太ももの部分）
「仕上げ磨きさせて」は **Let me finish up.** と言う。

40

歯をピッカピカにしようね。

メイキュア　ナイサンクリーン

Let's make your teeth nice and clean.

nice and ~ = とても～、いい具合に～ ／clean = きれいに
nice and ~は、後に続く形容詞を強調したり、「ちょうどいい感じで」というニュアンスを付け加えたりする表現。**Your room is nice and cozy.**（あなたの部屋はとても居心地がいいね）※ cozy = 居心地がいい

41

お口あーんしてね。

Open your mouth, please.

歯磨きをしている最中なら、mouth（口）と言うまでもなく、**Open wide.**（あーんして）だけでもよい。

42

もうちょっとで終わるよ。

オールモストダン

Almost done.

直訳すると「ほとんど終わってるよ」だが、「もう少しで終わる」ということを表すフレーズ。「終わったよ！」は **We're done!**。「上手に磨けてたよ」は **You did a good job.** と言う。

CLOSE UP!

❶
手を洗うのを忘れないようにね。

Don't forget to wash your hands.

put your toys away おもちゃを片付けるのを	**wear your hat** 帽子をかぶるのを
wash behind your ears 耳の後ろを洗うのを	**set the alarm clock** 目覚ましをセットするのを

Don't forget to wear your hat when you play outside.

外で遊ぶときは帽子をかぶるのを忘れないようにね。

Don't forget to turn off the lights when you go to bed.

寝るときは電気消すのを忘れないで。

入れ替え表現

♪MP3 39

❷ お風呂の水飲まない［方がいい］よ。

You don't want to drink the bathwater.

know 知らない方が	be late 遅刻しない方が	upset him/her 彼／彼女を怒らせない方が
do that それはしない方が	say that それは言わない方が	go there そこには行かない方が

例文

You don't want to know what happened last night ...

昨夜何があったか、知らない方がいいよ……。

You don't want to be late on your first day.

初日に遅刻しない方がいいよね。

You don't want to ~.は、Don't ~.（～するな）よりもやわらかい「（あなた自身のために）～しない方がいい、～すべきではない」というニュアンス。

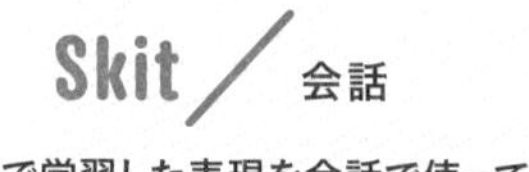

Chapter 8で学習した表現を会話で使ってみよう

1 歯磨きタイム

Mom : All right, Tom, **it's time to brush your teeth**. Hey! He's escaped[1]. Can somebody please catch[2] Tom?

Dad : Here he is. Come on Tom, stop wiggling[3]. **Put your head on Mommy's lap.**

Mom : Look how tightly[4] he's closing his lips. **Open your mouth, please**, or I'll tickle[5] you. Tickle, tickle.

Dad : **Brush** his teeth **gently**.

Mom : I always do. **Almost done.**

Dad : Tom, way to go[6]! You don't want to get any cavities.

Mom : And we're done! Your teeth are **nice and clean!**

ママ：さあトム、歯磨きするよ。あ！　逃げた。おーい、誰かトム捕まえて！

パパ：連れてきたよー。ほらトム、もぞもぞしないで。ママのお膝にコロンして。

ママ：見て、口をきゅっと結んじゃって。お口あーんしないとこちょこちょしちゃうぞ。こしょ、こしょ。

パパ：優しく磨いてあげてね。

ママ：いつもそうしてるから。もうちょっとで終わるからね。

パパ：トム、いいぞ！　虫歯にならないようにしようね。

ママ：ほら終わった！　お口ピッカピカだよ！

【語注】

1 escape：逃げる
2 catch：～を捕まえる
3 wiggle：（体の一部などが）もぞもぞ（くねくね）動く
4 tightly：きつく、堅く
5 tickle：くすぐる
6 way to go：いいぞ、よくやった

❷ お風呂上がりは大忙し

Mom : That was a refreshing❶ bath, wasn't it? Sophie, **dry your body with this bath towel.**

Sophie: Mommy, Tom's running around naked❷.

Mom : Come over❸ here, Tom. Sophie, too. **I'll apply some body lotion on** you two.

Sophie: My hair's still wet.

Mom : We'll dry your hair in a minute❹. **How fast can you put on your pajamas? Ready, set, go!**

Sophie: I'm finished! Can I go now?

Mom : After **I blow-dry your hair**. Your hair's gotten so long❺.

Sophie: I like my hair long.

Mom : It suits❻ you, but let's trim your bangs❼ just a bit tomorrow. They are getting in your eyes.

ママ：お風呂入ってさっぱりしたねえ。ソフィー、このバスタオルで体を拭いて。

ソフィー：ママ、トムが裸で走り回ってるよ。

ママ：こっちにおいで、トム。ソフィーも。保湿クリーム塗ってあげるから。

ソフィー：髪まだぬれてるよ。

ママ：すぐに乾かそうね。パジャマささっと着れるかな？　よーい、ドン！

ソフィー：出来たよ！　もうあっち行ってもいい？

ママ：髪をドライヤーで乾かしてからね。だいぶ伸びたねー。

ソフィー：髪の毛長いの好き。

ママ：似合ってるよ、でも明日前髪だけちょっと切ろうか。目に入っちゃうから。

【語注】

❶ refreshing：気分をすっきりさせる
❷ naked：裸の
❸ come over：こちらにやってくる
❹ in a minute：すぐに
❺ get long：長くなる
❻ suit：[洋服などが]～(人)に似合う
❼ bang：前髪

Quick Check / Chapter 8に出てきたフレーズの復習

以下の日本語の意味になるよう英文を完成させてください。答えはページの下にあります。

❶ トイレに行く ➡P228
He goes to the (　　　).

❷ 服を脱ぐ ➡P228
He (　　　)(　　　) his clothes.

❸ 湯船につかる ➡P230
We (　　　) in the (　　　).

❹ のぼせる ➡P231
I get a (　　　)(　　　).

❺ 綿棒で耳掃除をしてあげる ➡P232
I clean his ears with a (　　　)(　　　).

❻ 教えてくれて偉いね。 ➡P236
(　　　)(　　　) for telling me.

❼ ここかゆいの？　後でクリームを塗っておこうね。 ➡P240
Is this (　　　)? Let's (　　　) some cream (　　　) it later.

❽ しまった。　お湯がぬるい。 ➡P242
Oh, no. The water is (　　　).

❾ 肩まで入って。10数えよう。 ➡P243
Soak (　　　) to your shoulders. Let's (　　　)(　　　) 10.

❿ カラスの行水だなあ。 ➡P244
What a (　　　)(　　　) that was.

❶ bathroom
❷ takes / off
❸ soak / tub
❹ head / rush
❺ cotton / swab
❻ Well / done
❼ itchy / put / on
❽ lukewarm
❾ up / count / to
❿ quick / bath

Chapter 9

At Night／夜

忙しかった一日ももうすぐ終わり。
寝る前は親子のくつろぎのひとときですね。
読み聞かせをして子どもがあくびをしたら、
布団にくるまり寝かしつけ…
おっといけない、一緒に寝ちゃった。
いい夢見てね。また明日。

♪MP3 41

Words／単語編

このChapterに関連する単語を覚えよう!

❶ bedtime
❷ yawn
❸ sleeping vest
❹ picture book
❺ picture
❻ ghost
❼ page
❽ bookshelf
❾ well-written story
❿ excited
⓫ exciting
⓬ reading a bedtime story
⓭ favorite

⑭ bedroom
⑮ light
⑯ sweet dream
⑰ cherished moment
⑱ lullaby
⑲ snuggle up
⑳ bed
㉑ fall asleep
㉒ sleeping position
㉓ tummy
㉔ comforter
㉕ blanket

♪MP3 42

Behavior ／ 動作表現

子どもが寝る前後の動作を英語で言ってみよう!

1 _ スリーパーを着せる

(プトンナ)
I help her put on a sleeping vest.

2 _ 寝室に行く

(ベッルーム)
We go to the bedroom.

3 _ 本棚から絵本を選ぶ

(ピッカウタ)
We pick out a picture book from the bookshelf.

4 _ ベッドに入る

(ゲティントゥ)
We get into bed.

5 _ 心地よく寄り添う

(スナゴルラップ)
We snuggle up.

6 _ その日あったことを話す

(トーカバウト)
We talk about the day.

tips

1 _ sleeping vest は「(乳幼児が眠るときに着る)防寒ベスト、スリーパー」。

3 _ pick out ~ は「~を選ぶ、選び出す」。picture book は「絵本」。「本棚」は bookshelf 。

5 _ snuggle up は「心地よく横になる、寄り添う」。

7 _ 寝る前の読み聞かせをする

I read her a bedtime story.

8 _ ページをめくる

I turn the page.

9 _ ひらがなを読む

She reads the *hiragana*.

10 _ 絵を指さす

ポインツァッザ

She points at the pictures.

11 _ あくびをする

ヨーンズ

She yawns.

7 _ read a bedtime storyは「寝る前に読み聞かせをする」。このstoryは「おとぎ話、物語」、そして子どもへの読み聞かせなので「絵本」も含まれる。

8 _「怖い絵のあるページは飛ばす」はWe skip the page that has a scary picture on it.と言う。

9 _「絵本を読んでくれようとする」はShe wants to read me the book.。

10 _ point at ~ は「～を指さす」。

11 _ yawn は「あくびをする」。

♪MP3 42

12_ 本を閉じる

I close the book.

13_ 髪をなでる

I stroke her hair.

14_ 抱っこでゆらゆらして寝かしつける

I rock her to sleep in my arms.

15_ 子守歌を歌う

I sing her a lullaby. (lullaby: ララバイ)

tips

12_「本を本棚に戻す」は return the book to the bookshelf。

13_ stroke は「〜をなでる」。

14_ rock ~ to sleep は「〜を揺らして寝かしつける」。

16_ 背中をトントンする

I pat her gently on the back.

16_ pat ~ on the backは「(愛情表現として) ～の背中を軽くたたく」。gentlyは「優しく」。

17_ 添い寝をする

I sleep alongside her.

17_ alongsideは「～の横側に、～と並んで」

18_ うつ伏せ(仰向け)で寝る

She sleeps on her belly (back).

18_ bellyは「腹、腹部」。「うつ伏せ寝(仰向け寝)」はほかにsleep face-down (face-up)という言い方がある。

19_ 布団を蹴る

She kicks her comforter off.

19_ kick ~ off で「～を蹴り飛ばす」。comforter は「掛け布団」。

20_ 寝言を言う

She talks in (トークスィン) her sleep.

20_ in one's sleepは「～の睡眠中に」。

21_ 毛布を掛けてあげる

I cover her with her blanket.

21_ cover ~ with ... は「～に…をかぶせる」。「毛布」はblanket。

22_ 電気を消す(点ける)

I turn off (ターンノフ) (on) the light.

22_ turn off (on) ~ は「～を消す(点ける)」。

Tweets
つぶやき表現
子どもと一日を締めくくるときのつぶやき

1

寝る準備しようか。

Let's get ready for bed.

get ready for ~ = 〜の準備をする
決まった時間にすんなり眠りにつくために行う一連の動作を、bedtime routine（就寝ルーティン、入眠儀式）と言う。「寝る前のルーティンがうまくいくようになってきた」は **The bedtime routine is starting to work.** と言う。

2

ママとパパ、どっちにお話読んでほしい?

Do you want Mommy or Daddy to read you（リージュー） a story?

read ~ a story = 〜に物語・絵本を読み聞かせる
You feel like Mommy tonight? All right. で「今日はママの気分なの？　いいよ」という言い方になる。You feel like ~ は Do you feel like ~ のくだけた言い方。

3

好きな本選んでいいよ。

Go ahead and（アヘッダン） pick a（ピッカ） story.

pick = 〜を選ぶ
Go ahead and ~ は命令形で、「さあ〜しなさい、〜していいよ」と何かをするよう促す表現。**Go ahead and throw the ball.**（ボールを投げていいよ）

4

この本がお気に入りなのね。

You like this one, don't you?

（don't you? の読み：ドウンチュー）

文の最後に don't you? といった付加疑問文を付けると、「～なのね」と語り掛ける表現になる。「お気に入り」は、他に favorite という言い方もできる。**This one is your favorite now, isn't it?**（今はこれがお気に入りなのね）

昔好きだったな～。

It used to be my favorite.

（It used to の読み：イトユーストゥー）

used to ~ = 昔は～だった、以前は～だった ／ favorite = お気に入り

used to ~は過去の状態について述べる表現。**I used to be scared of dogs.**で「昔は犬が怖かったんだ」。scared of ~で「～を怖がる」。

この本、小さいころに読んだよ。

I read this when I was little.

（when I was の読み：ウェナイワズ）

この read は過去形で、「読んだ」。過去形の発音は［レッド］。when I was little は「私が子どもだったとき」。「ママが小さいとき、おばあちゃんが読んでくれたんだよ」は **Grandma used to read this to me when I was little.**。

7

隣においで。

ネクストゥー

Come sit next to me.

next to ~ = ～の隣に
come sitは、「座りに来る」という意味の come to sit という用法がくだけて come and sit となり、さらに and も省略されて come sit という形になったもの。
Come snuggle up next to me.（ぎゅーっとひっつきなよ）

8

今日何したか教えて!

ワッチューディッド

Tell me what you did today!

How was your day today? は「今日はどんな1日だった?」と聞く定番の表現。「何か楽しいことはした?」は、**Did you do anything fun today?** と聞く。

9

本一緒に持ってくれる?　ありがとう!

Do you want to help me hold the book? Thank you!

Do you want to ~? = ～してくれる? ／ help ~ ... = ～(人) が…するのを手伝う ／ hold = 持つ、支える
Do you want to ~? は「～したい?」と相手の希望を聞くときだけでなく「～してくれる?」と依頼するときも使われる。意味は文脈で判断する。「ページめくるの手伝ってくれる?」は **Do you want to help me turn the pages?** と言う。

10

次はどうなるのかな?

What happens next?

happen = 起こる、発生する
一緒にワクワクしていることを伝えられる表現。**What do you think will happen next?**（次は何が起こると思う?）と聞くこともできる。ちなみに What happened? は「どうしたの？　何があったの?」と聞きたいときに便利な表現。

ドキドキするね〜。

イズンニッ

Exciting, isn't it?

exciting = わくわくさせる、面白い
「ちょっと怖いね」なら **It's a bit scary, isn't it?**。isn't it? のような付加疑問文は口語ならではの表現で、相手の同意を促したいときなどに使う。

12

ヒュ〜ドロドロ〜。おばけだぞ〜！

ゴウスト

Ooh, here comes the ghost!

here comes ~ = ほら〜が来るよ ／ ghost = おばけ、幽霊
物語の「悪者、悪党」は the bad guy でよい（男女問わず）。**The bad guys always lose.** で「悪い人たちは必ず負けるんだよ」という言い方。

13

これ何か知ってる？

Do you know what this is?

ワッズィスィズ

絵本を読んでいると、挿絵をきっかけに会話も広がるもの。絵を指しながら、It's a ~.（これは～だ）という簡単なフレーズを使って、**It's a fire engine.**（これは消防車だね）や、**It's a beautiful butterfly.**（きれいなちょうちょだね）のように語り掛けることができる。

14

楽しそうだね。

This looks fun.

look ~ = ～ように見える／fun = 楽しい
look + 形容詞で「～ように見える」。この fun は形容詞。「いつか～をやってみよう」　は、Let's try ~ someday.と言う。**Let's try making these pancakes someday.** で「いつかこのパンケーキ作ってみようか」。

15

この絵本、なかなかよくできてるな。

This is a well-written story.

well-written = うまく書かれている、よくできている
「心温まる」は heartwarming。「考えさせられる、示唆に富む」は thought-provoking。「子どもの心をとらえる」は capture a child's heartと言う。**This heartwarming story captures a child's heart.** で「この心温まる物語は子どもの心をとらえる」。

16

これ、話が長い……。

This is a long one ...

この one は代名詞で「もの」。This is a long one. で「これ、長いやつだ」。「何行か飛ばしてしまおう」は **I'll skip a few lines.**。a few は「少しの」。「何行か飛ばしたの気付かれた」は **She noticed that I'd skipped a few lines.** と言う。

この絵本、もうそらで言える。

I already know this story by heart.

already = すでに／by heart = そらで、暗記して
「暗唱する、復唱する」は、recite ［リサイト］を使うこともできる。「子どもがお気に入りのフレーズを一緒にそらで言う」は **She recites her favorite phrases with me.** と言う。

18

はい、おしまい。

The（ズィ） end.

The end. は「終わり、完」で、映画や物語を締めくくる言葉。「このお話好き？」は **Do you like this story?**。読み終えてから聞くときは **How did you like that story?**（そのお話どうだった？）のように、過去形で聞くこともできる。「あんまり面白くなかったのかな」は **She didn't seem that interested.** と言う。seem は「〜ように見える」、that は「それほど」の意味。

19

もう一冊読もうか?

Shall we read another one?

Shall we ~ ? = ～しましょうか？ ／ another = もう一つの
この one は book のこと。Shall we read another book? のように book を繰り返して言うことを避けるために、another one としている。おねだりされて、「もう一冊読んでほしいの？　じゃあ、あと一冊だけね」は、**You want me to read another one? Just one more, then.** と言う。文頭の Do を省略したカジュアルな言い方。

明日は幼稚園だよ。もう寝ようね。

You have kindergarten tomorrow. Let's sleep.

have ~ tomorrow は「明日～（の予定）がある」と言うときの表現。**You have soccer practice tomorrow.** なら「明日サッカーの練習があるよ」。「もう寝なさい」は命令形で、**Go to sleep.** と言う。

21

パパにおやすみって言おうか。

Let's say good night to Daddy.

(good night: グッナイトゥ)

good night = おやすみなさい
「パパがおやすみって言いに来たよ」は **Daddy's here to say good night.** 。

22

お布団にくるんであげるね。

タッキュー

I'll tuck you in.

tuck ~ (人) in = ～(人)を心地よく寝具にくるむ、寝かしつける
tuck my child inは、実際にお布団を整えて子どもをくるむことだけではなく、本を読んだり、おやすみ、と言って電気を消してあげたり、子どもを寝かしつける一連の行動のことも言う。**It's Daddy's turn to tuck you in.** で「パパが寝かしつける番だね」。

23

ちゃんとおなかしまってね。

タッキン

Tuck in your pajama top and hide your tummy.

tuck in ~ = ～(裾や端など)をしっかりしまい込む／pajama top = パジャマのシャツ／tummy = おなか、ポンポン
tuck in ~ は「～をしまい込む」という意味で、この意味では tuck ~ inとも言える。**Tuck in your shirt.** (シャツの端をズボンにしまいなさい)、**I tuck the bedsheet in.** (シーツをしっかりと折り込む) のように使う。tummy は「おなか」の幼児語。**You don't want to get a tummy ache.** (おなか痛くなったら嫌だからね)

24

電気消すよ。

ターニンゴフ

I'm turning off the light.

turn off ~ = ～を消す／light = 明かり
「常夜灯」は night light。「常夜灯を点ける」は **I turn on the night light.**。現在進行形 be -ingは、「～している」という意味のほかに、「～するつもりだ」のように確定している近い未来も表せる。**I'm going to bed.**で「もう寝るね」。

25

はい、もう寝ようね。

All right, nighty-night.

ナイティ

nighty-night = おやすみ
nighty-night は good night と同じ意味。子どもにこの言い方をすることが多い。
Sleep tight.（ぐっすり眠りなさい、おやすみなさい）という言い方もある。

26

今夜は早く寝つくかな。

I hope she falls asleep quickly tonight.

フォールザスリープ

hope ... = …を期待する ／ fall asleep = 眠りに落ちる、寝入る ／ quickly = 速く、すばやく
tonight を today にすれば昼寝についても言える。「まだやることいっぱいあるからなあ」は **I still have a lot to do.** と言う。

27

まずい、興奮して目がさえてる。

Oh, dear. She's too excited to sleep.

Oh, dear. = あらまあ、やれやれ ／ excited = 興奮している ／ too ~ to ... = あまりに～で…できない
「落ち着かせないと」は **I need to calm her down.**。

28

またベッドから抜け出してきた。

She keeps crawling out of bed.

keep -ing = いつも〜をする、〜し続ける／crawl out of bed = ベッドからはい出る
「ベッドから出る」は get out of bedとも言う。「なんやかんや理由をつけて起きてくる」は **She keeps making excuses to get out of bed.**。excuse は「言い訳」。

29

お昼寝が長かったから寝ない！

She napped for too long, so she's not sleepy at all!

nap = 昼寝をする／for too long = あまりに長い間／sleepy = 眠い／not ~ at all = ちっとも〜ない
「目がさえた」は be wide awake と言う。**She is wide awake.** は「目がぱっちりさえてる」。

30

寝る時間だいぶ過ぎちゃったよ。

It's way past your bedtime.

way = かなり、ずっと／past = (時が) 過ぎた／bedtime = 就寝時刻
It is past your bedtime. で「寝る時間過ぎてるよ」。way past は、「だいぶ過ぎている」という言い方になる。

31

目をつぶって、お口にチャックしてー。

Close your eyes, and no more talking, all right?

no more -ing = これ以上～はなし、～はおしまい
起きてくる口実として何度も水を飲みたい、などと言ってきたら、**No more drinking water, all right?**（もうお水はおしまいだよ）と言う。

32

やっと寝たよー！

She's finally asleep!

finally = ついに、とうとう ／ asleep = 眠って
「今日は落ち着くまで時間がかかった」は **It took a while for her to settle down tonight.** と言う。take a whileで「しばらく時間がかかる」、settle downは「（気持ちが）落ち着く」。

33

また一緒に寝ちゃった……。

フォールンナスリーパゲン

I've fallen asleep again ...

fall asleep = 眠りに落ちる cf. fallen は fall の過去分詞
I've = I have。添い寝をすると、ついつい一緒に寝てしまうもの。「子どもと一緒に寝落ちする」は fall asleep with the kids。again（また）を付けると、「またやっちゃった…」というニュアンスになる。「家族で同じベッドに寝ている」は、**We use Mommy and Daddy's bed.** と言うことができる。

いつになったら自分で寝られるようになるかな。

When will she be able to put herself to sleep?

be able to ~ = 〜できる／put oneself to sleep = 自分で寝つく
「一度目を覚まして、また寝つく」は put oneself back to sleepと言う。**She woke up, but she put herself back to sleep.**で「目が覚めたけど、自分でまた寝た」という表現。

このまま朝まで寝ちゃおうかな。

Maybe I'll just sleep till morning.
ジャススリープ

maybe = もしかすると、ことによると／till ~ = 〜まで
まだまだやることはあるけれど、もうあきらめて寝てしまおうか、と考えを巡らすときのつぶやき。「明日の朝早く起きればいいか」は **I'll just wake up early tomorrow morning.** と言う。

36

また布団蹴飛ばしてる。寒くないのかな?

She's kicked off the comforter again. Doesn't she get cold?

kick off ~ = 〜を蹴飛ばす／comforter = 掛け布団／get cold = 寒くなる
She's = She has。get cold（寒くなる、冷える）は get a cold（風邪を引く）と似ているので注意。

37

またお腹が出てる。

Her tummy is showing again.

show = 見えるようになる
Your undies are showing. Let's pull up your pants. で「下着が見えてるよ。ズボンを上げようか」。undiesは「下着」。

パパと寝相がそっくり。

アイデンティカル

Her sleeping position is identical to her dad's.

sleeping position = 寝ている姿勢／be identical to ~ = ～と一致している、そっくりの
her dad'sは her dad's sleeping positionのことで、sleeping positionを省略している。toss and turnは「（眠れなくて）ゴロゴロと寝返りを打つ」。**She's tossing and turning a lot.**（何度も寝返りを打っている）

39

よく寝てる。

She is sound asleep.

be sound asleep = ぐっすり寝入っている、よく眠っている
be fast asleepも同じ意味。「夜通し眠れた！」は **She slept through the night!** と言う。

寝顔が天使だね。

ライカンエンジェル　シーザスリープ

She looks like an angel when she's asleep.

angel = 天使
「寝顔」は sleeping face とも言う。**I love watching her cute sleeping face.** で「かわいい寝顔を見るの大好き」。

この時間が一番幸せ。

This is one of my most cherished moments.

cherished moment = 大切にしているひととき、思い出深い瞬間
one of my most cherished momentsは、「(たくさんある) 最も大切にしている時間の一つ」。cherished memoryは「大切な思い出」。**The day she was born is one of my most cherished memories.** で「この子が生まれた日は、最も大切な思い出の一つだ」。

いい夢見てね。また明日の朝ね。

スウィートドゥリームズ

Sweet dreams. See you in the morning.

Sweet dreams. = いい夢見てね。 ／ **See you ~.** = ～までまたね。
See you in the morning. は「明日もいっぱい楽しいことしようね」という気持ちを込めて言う定番表現。

CLOSE UP!

入れ替え例

good	boring	exciting
おいしそう	退屈そう	面白そう
scary	**expensive**	**real**
怖そう	高価そう	本物のよう

例文

Is that tonight's dinner? It looks so good!

それ今晩の夕食？　すごくおいしそう！

I can't believe that's a robot. It looks so real.

ロボットだなんて信じられない。本物に見えるね。

look＋形容詞で「〜のように見える」という意味になる。

入れ替え表現

2
この時間が一番幸せ［大切にしている時間のひとつ］。

This is one of my most cherished moments.

入れ替え例

my favorite places in the world 世界で一番好きな場所	**my all-time favorites** 今までで一番のお気に入り
the best restaurants in town 町で最高のレストラン	**the best days of my life** 人生最良の日

例文

I can't stop eating this snack. This is one of my all-time favorites.

このお菓子食べるのやめられない。今までで一番のお気に入りなんだ。

I'm so happy. This is one of the best days of my life

すごく幸せ。今日は人生最良の日だ。

Skit／会話

Chapter 9で学習した表現を会話で使ってみよう

❶ パパの読み聞かせタイム

Dad：Do you want me to read you a story?

Sophie：Yes, please. I want the one about the penguin.

Dad：You really like this one, don't you? You must❶ know it by heart. You can choose one more.

Sophie：All right. This one.

Dad：I read this when I was little. Come snuggle up next to me.

Sophie：OK, I'll turn the pages.

Dad：Come on, then❷. Once upon a time❸ ...

パパ：パパが絵本読んであげようか？

ソフィー：読んで。ペンギンのやつがいい。

パパ：そのお話本当に好きなんだね。もう覚えちゃってるんじゃない？　もう1冊選んでいいよ。

ソフィー：分かったよ。これにする。

パパ：これ、パパが小さいころに読んだことあるよ。ぎゅーっとひっつきなよ。

ソフィー：うん、私がページをめくる。

パパ：そしたらおいで。昔々……。

【語注】

❶ must：～しているに違いない

❷ then：そうしたら、次に

❸ Once upon a time：昔々

❷ 寝顔を見ながら親バカタイム

Dad：They're finally asleep. Sophie kept making excuses to get out of bed tonight, didn't she?

Mom：They look like angels when they're asleep. This is one of my most cherished moments.

Dad：Listen. Tom's talking in his sleep. Didn't he just say, "dadda?"

Mom：Hmm? He did? Look, his sleeping position is identical to yours.

Dad：Like how his tummy is showing? Let's tuck in his pajama top and hide it. Honestly❶, don't you think our kids are the cutest? Objectively speaking❷.

Mom：Yeah, absolutely❸. Objectively speaking. Sweet dreams, dears❹.

パパ：子どもたち、やっと寝たよ。今夜のソフィーはなんやかんや理由をつけて起きてきたね。

ママ：寝顔が天使だね。この時間が一番幸せ。

パパ：聞いて。トムが寝言言ってるよ。今「パッパ」って言わなかった？

ママ：え？　そうかな？　見て、パパと寝相がそっくり。

パパ：お腹出してるとことか？　しまってあげよう。本当に、うちの子たちかわいいよなあ。客観的に言ってもさ。

ママ：うん、そうだね。客観的に言っても、ね。2人とも、いい夢みてね。

【語注】

❶ honestly：正直なところ

❷ objectively speaking：客観的に言えば

❸ absolutely：間違いなく、その通り

❹ dear：いとしい人

Quick Check ／ Chapter 9に出てきたフレーズの復習

以下の日本語の意味になるよう英文を完成させてください。答えはページの下にあります。

❶本棚から絵本を選ぶ ➡P256
We (　　　) out a picture book from the (　　　).

❷心地よく寄り添う ➡P256
We (　　　) (　　　).

❸寝る前の読み聞かせをする ➡P257
I read her a (　　　) story.

❹あくびをする ➡P257
She (　　　).

❺寝言を言う ➡P259
She talks (　　　) her (　　　).

❻好きな本選んでいいよ。 ➡P260
Go (　　　) and (　　　) a story.

❼(その絵本) 昔好きだったな〜。 ➡P261
It (　　　) (　　　) be my favorite.

❽この絵本、もうそらで言える。 ➡P265
I already know this story (　　　) (　　　).

❾寝る時間だいぶ過ぎちゃったよ。 ➡P269
It's (　　　) (　　　) your bedtime.

❿いつになったら自分で寝られるようになるかな。 ➡P271
When will she be able to (　　　) herself to (　　　)?

❶pick / bookshelf
❷snuggle / up
❸bedtime
❹yawns
❺in / sleep
❻ahead / pick
❼used / to
❽by / heart
❾way / past
❿put / sleep

【幼稚園編】

子どもの入園はうれしいけど、やることがたくさん!

❶ 面接で何を聞かれるんだろう?

I wonder what they'll ask us at the interview.

---

❷ 公立幼稚園って、いろいろ規則が細かいのね。

Public kindergartens have so many picky rules.

※picky = 小うるさい

---

❸ 家に近い幼稚園がいいわよ。

We should choose a kindergarten near our house.

---

❹ この幼稚園の制服、かわいいなあ。

The uniforms at this kindergarten are really cute.

---

❺ げ、雨が降ってる。今日のお迎えどうしよう。

Oh, no, it's raining. What am I going to do about today's pickup?

---

❻ バザーに出す物何かあるかな?

Is there anything I could donate to the bazaar?

※donate = 寄付する

❼ うちの園、行事に力入りすぎ……

Our kindergarten puts too much emphasis on events ...

※emphasis = 重点を置くこと

❽ （行事での発表を見て）うわ、すごい！　幼稚園児とは思えないよね！

Wow, they are so good! You would never believe they're just in kindergarten!

❾ 毎日のお弁当作りって、面倒くさいなあ。

Making lunch every day can be such a bother.

※bother = 面倒、悩みの種

❿ 給食がある幼稚園にすればよかった。

I should have chosen a kindergarten that serves lunch.

※serve = 食事を出す、給仕をする

⓫ げ、スクールバスが来ちゃう。

Oops, the school bus will be coming soon.

⓬ えっ、もうお迎えに行く時間？

I can't believe it's time to pick him up already.

⓭ こんなの毎日相手にしてるんじゃ、先生たちも大変だ。

It must drive the teachers crazy to deal with all these noisy children every day.

※drive ~（人） crazy = ～（人）をひどくイライラさせる

子どもにどんどん言ってあげたい

Positive Phrases / ポジティブフレーズ

♪MP3 51

子どもを褒める・励ます・愛でる表現を集めました

よく頑張ったね!

Good job! ➡p. 129

「よくできました!」と言うときの定番フレーズ。

すごいね!

Great! ➡p. 236

「すごい!」を表す形容詞は他にTerrific!(すごくいい!)、Amazing!(素晴らしい)、Superb!(最高!)、Perfect!(完璧!)など。いろんな言葉で褒めてあげたい。

よくできたね!

Well done! ➡p. 31ほか

Good job!同様、何かがよくできたことを褒める表現。Well done for ~ing.で「～できて偉いね。」

やったね～!

You did it! ➡p. 187

何かに挑戦して、成功したりやり遂げたときの褒め方。さらに続けて「よくやった! その調子!」と言うには、Way to go!がある。

その通り!

That's right!

相手が言ったことを肯定するフレーズ。子どもの「もしかしてこうなの?」に「そうだよ!」と答えるのにちょうどいい。

HOMERU

正解!

That's correct! ➡p. 188

クイズや問題に正しく答えたときは、correct(正しい)を使う。さらに「よく解けたね!」はWell done for solving the problem!と言える。

今の優しかったね。

That was very kind of you. ➡p. 155

It's ~ of you to …でさらに理由を加えて褒めることができる。It's generous of you to share your snack.(おやつを分けてあげて、気前がいいね)

よかったね〜!

I'm so happy for you!

be happy for ~は、「〜のために喜ぶ」という言い方。子どもの成功を子ども自身のためにうれしく思う、と伝えられる。

おめでとう!

Congratulations!

小さなことでも、何かうまくいったときや、何かができるようになったときに言って盛大に褒めてあげるのもよい。似た表現にGood for you!(よくやったね!)がある。➡p. 24

イイね!

I like it!

子どもが思い付いたアイデアに同調するときなどに。That's a great idea.(それはいいアイデアだね)なども使える。

いろんな色調の青で塗り絵をしたのがすごくいいね。

I love the way you used different shades of blue to color that picture.

子どもが成長するにつれて、何が良かったのか具体的に褒めてあげたい。likeを使ってもよい。I like the way you said that.（その言い方すてきだね）

それはすてきな考え方だね。

That's a beautiful way of thinking.

幼い子どもの言動にハッとさせられることもある。人としてすてきな考え方をしたときに言ってあげたいフレーズ。

感心したよ。

I'm really impressed.

impressedは「感銘を受けた」。誰でも、自分の発言に「感銘を受けた」と言われればうれしいもの。いろんな場面で使いたい。

一生懸命頑張ったのが、よく分かるよ。

I can see that you worked very hard on this.

結果だけではなく、過程を褒めている。

言われなくても歯を磨いてくれて、ありがとう。

Thank you for brushing your teeth without being told.

Thank you.は、いい人間関係を築く基礎となる言葉なので、褒めるときにもどんどん使いたい。

君ならできるよ。

You can do it. ➡p. 156

見事成功した後ならI knew you could do it!（できると思っていたよ！）。

惜しい！

Almost! ➡p. 30

almostは「あと少しで」という意味の副詞。You almost made it!で「あと少しでやり遂げるところだったよ！　惜しかったね！」。

その調子！

You're doing great!

「今いい感じだよ」とあまりプレッシャーを与えない言い方。「その調子で頑張って！」はKeep it up!やKeep on trying!とも言える。

コツをつかんだね。

Now you've got the hang of it.

get the hang of ~➡p.116　ここでは「もうコツをつかんだ」と言っているので、現在完了形。Now you have the hang of it.とも言い換えられる。

いい線行ってるよ。

You're on the right track.

直訳は「正しい軌道に乗っている」だが、「やり方が合っている」という意味。「うまくなってるよ」はYou're really improving.。

最初からできる人はいないよ。

Nobody gets it the first time.

nobodyは「一人も～ない」。get itは「分かる、（コツなどを）つかむ」。「誰だって失敗するんだよ」はWe all make mistakes.と言う。

やれるだけやってごらん。それでいいんだよ。

Just do your best. That's all that matters.

do one's bestは「ベストを尽くす」。matterはここでは「重要である」という動詞で、That's all that matters.は「大切なのはそれだけだ」という表現。

ちょっと難しいよね？
諦めないで続けてるのがいいね。

It's a bit tricky, isn't it? I like the way you're sticking to it.

trickyは「やりにくい、難しい」。「難しいよね」と共感して、子どもをほっとさせたい。stick to ~で「～し続ける、やり通す」。

ちゃんとここで
応援してるからね。

I'll be right here, rooting for you.

I'll be right here.で「ちゃんとここにいるからね」。root for ~は「～を応援する」。

一回深呼吸をして、落ち着こうか。

Let's take a deep breath to calm down.

気分を切り替えよう、という表現。calm downは「落ち着く」。Let's take a break.（一休みしようか）でもよい。➡p.54

今度またチャレンジしよう。

We can give it a try another time.

give it a try➡p.187　うまくいかなくてもまた挑戦すればいいよ、と励ます言葉。

誇りに思うよ。

I'm so proud of you.

be proud of ~は「～を誇りに思う」。soは「とても」。

大好きだよ。

I love you.

loveは「～に愛情を抱く、～が大好きである」。I love you. は恋人だけでなく親子の間でも「大好きだよ」と伝えるのに使う。

ぎゅーして。

Give me a big hug.

hug➡p.153
cuddleも「(優しく)抱きしめる、抱っこする」という意味。Let me give you a cuddle.(ぎゅっとしてあげる)

このほっぺたがたまらん。

I love these chubby cheeks.

chubbyは「ぽっちゃりした」。

あなたのママ/パパでいるの楽しいよ!

I love being your mom/dad!

I'm so lucky that I get to be your mom/dad.(君のママ/パパになれて、すごくラッキーだよ)とも言える。

信頼しているよ。

I believe in / trust you.

believe in ~は「～(人)を信頼している」。trustも同じ意味。inを付けずI believe you. だと「君が言っていることを信じる」という意味になる。

一緒にいると楽しいね！

I love being with you.

Spending time with you is so much fun. とも言える。spend time with ~は「～と一緒に時を過ごす」。

完璧じゃなくていいんだよ。ありのままのあなたが大好きだよ。

You don't have to be perfect. We love you just the way you are. ➡p. 157

ありのままの自分でいいんだよ、と言いたいときのフレーズ。Just be yourself. は「ただ自分らしくあれ」。

いつもそばにいるよ。

I'm always here for you.

if you need me（私を必要とするなら）を付け加えて、I'm always here for you if you need me.（必要なら、いつもそばにいるよ）とも言える。

生まれてきてくれて、うれしいよ。

I'm so glad you were born.

➡p.174 I'm so happy you're in my life. で「私の人生にあなたがいてくれてうれしいよ」。

どんなことがあっても、ずっと大好きだよ。

I'll always love you, no matter what.

no matter whatは「何が起ころうとも、何があっても」。

起きてから寝るまで
子育て英語表現1000

発行日：2020年5月27日（初版）
2023年9月5日（第3刷）

監修 吉田研作　**執筆・解説** 春日聡子

編集：株式会社アルク　英語出版編集部
発音指導：原功
編集協力：市川順子
校正：Margaret Stalker、挙市玲子

AD：細山田光宣
デザイン：室田潤（細山田デザイン事務所）
表紙イラスト：白根ゆたんぽ
本文イラスト：コルシカ

ナレーション：Bianca Allen、Howard Colefield、Karen Haedrich、高橋大輔、田中あい
録音・編集：株式会社メディアスタイリスト

DTP：朝日メディアインターナショナル株式会社
印刷・製本：シナノ印刷株式会社

発行者：天野智之
発行所：株式会社アルク
〒102-0073
東京都千代田区九段北4-2-6市ヶ谷ビル
Website：https://www.alc.co.jp/

落丁本、乱丁本は弊社にてお取り替えいたしております。Webお問い合わせフォームにてご連絡ください。https://www.alc.co.jp/inquiry/

製品サポート：https://www.alc.co.jp/usersupport/

Printed in Japan.
PC：7020025 ISBN978-4-7574-3630-5

地球人ネットワークを創る

アルクのシンボル
「地球人マーク」です。

監修

吉田研作（よしだけんさく）

上智大学特別招聘教授、言語教育研究センター長。専門は応用言語学。文部科学省中央教育審議会外国語専門部会委員。J-SHINE会長。「起きてから寝るまで」シリーズや『小学校英語指導プラン完全ガイド』（ともにアルク）などの監修を務めるほか、著書多数。

執筆・解説

春日聡子（かすがさとこ）

東京大学文学部社会学科卒。ロンドン大学 UCLにて英語学修士号を取得。オーストラリア、アメリカで育ち、イギリスで子育ての経験を持つ2児の母。英語教材の執筆、翻訳、編集に携わる。著書に『英会話壁打ちトレーニング［基礎編］』『起きてから寝るまでイヌ英語表現』（ともにアルク）などがある。